1 MONTH OF
FREE
READING

at

www.ForgottenBooks.com

By purchasing this book you are eligible for one month membership to ForgottenBooks.com, giving you unlimited access to our entire collection of over 1,000,000 titles via our web site and mobile apps.

To claim your free month visit: www.forgottenbooks.com/free339692

ISBN 978-0-656-75252-2
PIBN 10339692

22/

Austria

DAS

JURISTISCHE DENKEN.

STUDIE

VON

DR. KARL GEORG WURZEL.

WIEN 1904.

VERLAG VON MORITZ PERLES

K. U. K. HOF-BUCHHANDLUNG

I., SEILERGASSE 4.

ERSCHIENEN IM

ÖSTERR. ZENTRALBLATTE FÜR DIE JURISTISCHE PRAXIS

XXI. JAHRGANG.

SEP 9   1915

Buch- u. Steindruckerei Georg Meser, Wien VII.

Vorwort.

Die vorliegende Abhandlung soll nicht eine philosophische, sondern eine juristische Arbeit sein. Um ihr diesen Charakter ungeachtet des abstrakten Stoffs zu wahren, trachtete ich durch möglichst zahlreiche und konkrete Beispiele den Zusammenhang der allgemeinen Sätze mit den Gegenständen der praktischen Jurisprudenz aufrecht zu erhalten. Da ich einem anschaulichen Beispiele zuweilen mehr einleuchtende Wirkung als einer Reihe theoretischer Deduktionen beimesse, begnügte ich mich öfters damit, einen allgemeinen Satz bloß durch Beispiele zu belegen, indem ich die ganze theoretische Vermittlung zwischen diesen und jenem getrost dem Leser überlassen zu können glaubte. Ob ich damit richtig getan habe, wird zum großen Teile davon abhängen, ob der Leser dieselbe Achtung vor dem Tatsächlichen hat, die mich erfüllt. In dieser Beziehung finde ich — gerade weil die Arbeit für den Juristen bestimmt ist — es notwendig, schon hier ihre rein positivistische Richtung zu betonen. Denn niemand ist mehr als der Jurist zur teleologischen Denkweise, zum Postulieren, Reformieren und sonstigem Rütteln an den Tatsachen geneigt. Der Zweck dieser Arbeit ist aber nur: das Tatsächliche zu untersuchen und darzustellen. Der schöne Satz: je ne propose rien, je ne suppose rien, j'expose bleibt immer der oberste Grundsatz der Wissenschaft. —

Als allgemein-juristische Arbeit sollte die vorliegende Abhandlung eigentlich keinem speziellen Rechtsgebiete angehören. Sie steht dennoch in der nächsten Verbindung mit der Privatrechtslehre und entnimmt diesem Gebiete die meisten Beispiele, dies deshalb, weil hier das juristische Denken durch Arbeit vieler Jahrhunderte am reinsten ausgeprägt wurde, weil sich hier eine — wenn auch nicht genügende — Theorie des juristischen Denkens (der Rechtsanwendung, der Auslegung) aus-

gebildet hat und namentlich, weil im Privatrechte (und Strafrechte) das juristische Denken als ausschließlich zulässig
erklärt ist: nur nach Rechtsnormen und Rechtsgründen, nicht
etwa nach Zweckmäßigkeits- oder sonstigen Erwägungen sollen
hier die Urteile sich bilden, womit im Zusammenhange die
Fiktion steht, daß die verfügbaren Rechtssätze zur Lösung jedes
Konfliktsfalls auch genügen, wenn sie gut-juristisch angewendet
werden. (Vgl. § IV Code civil unten S. 89 Anm. 16, Menger
System des österr. Zivilprozesses § 11 Anm. 2.)

Diese Arbeit wurde schon äußerlich als S t u d i e bezeichnet.
Sie erhebt keinen Anspruch, alle Seiten des juristischen Denkens
gleichmäßig zu umfassen, sie soll kein System der Lehre von
der Rechtsanwendung sein, sie beschäftigt sich nur mit einigen
wichtigen, aber stark vernachlässigten Seiten derselben. Hieraus
ergibt sich notwendig eine gewisse Einseitigkeit des Bildes, in
welchem das neue Material den größten Platz einnimmt. Ich
halte jedoch diesen Mangel für geringer, als die im sonstigen
Falle eintretende Einbuße an Anschaulichkeit. Denn dieses Buch
ist nicht für Unerfahrene bestimmt, die sich hinreißen lassen
könnten, manche Ausführungen trotz ihrer einschränkenden
Fassung sofort zu voreiligen „Folgerungen" und Forderungen
zu verwenden, sondern für diejenigen, die das neue Material
zu ihrer bisherigen Erfahrung und hergebrachten Theorie selbst
in das richtige Verhältnis zu bringen verstehen werden.

Jänner 1904.

Der Verfasser.

Inhalts-Verzeichnis.

———

Seite 9
Seite 1
Seite
Seite
Seite
Seite
Seite
Seit
Seit
Seit
Sei
Sei

Corrigenda.

Seite 9, Zeile 11 von unten, statt „den Tatsachen“ soll es heißen „die Tatsachen“.

Seite 13, Zeile 12 von oben, statt „V. Abschnitt“ „ „ „ „IV. Abschnitt“.

Seite 16, Zeile 17 von oben, statt „et si“ „ „ „ „etsi“.

Seite 20, Anmerkung 21, statt „Avenarius“ „ „ „ „Averanius“.

Seite 24, Anmerkung 27, „Dr.“ ist zu streichen.

Seite 26, Anmerkung 34, Zeile 3 von unten, „wenn man“ ist zu streichen.

Seite 39, Zeile 3 von unten, statt „Rechteck“ soll es heißen „rechtwinkl. Dreieck“.

Seite 56, Zeile 28 von oben, „gleicher“ ist zu streichen.

Seite 62, Zeile 7 von oben, statt „bei“ soll es heißen „in“.

Seite 73, Zeile 5 von unten, statt „erstes“ „ „ „ „zweites“.

Seite 75, Zeile 2 von oben, statt „III 1“ „ „ „ „III 2“

Seite 77, Zeile 9 von unten, statt „eine Analogie“ „ „ — „ „Analogie eines“.

Einleitende Bemerkungen.

Die Jurisprudenz ist der Zeit nach die erste Sozialwissenschaft. Der Richter und der Gesetzgeber waren die ersten, welche sich bewußte Rechenschaft über die Grundsätze geben mußten, die das Zusammenleben der Menschen beherrschen. In der Form der Unterscheidung des Rechts und Unrechts vollzog sich die erste Erkenntnis der Grundlagen dieses Zusammenlebens. Noch lange vor dem Entstehen irgendwelcher theoretischer Neugierde wurde sie durch die Bedürfnisse des Lebens geschaffen. Als der unbewußte und unorganisierte Zwang der hergebrachten Sitte nicht mehr im stande war, die Handlungen der zur höheren geistigen Selbständigkeit entwickelten Individuen eindeutig — wie früher — zu bestimmen (triebartige Handlungen),[1] da entstand schon zur Vermeidung und Ausgleichung der Willenskonflikte[2] das Recht als Inbegriff der ins Bewußtsein tretenden notwendigen Normen des menschlichen Verhaltens.

Stofflich auf den Schutz einiger Güter beschränkt (zuerst der ökonomischen, dann[3] des Lebens, der Gesundheit etc., weiter des Staatbestands und der Staatsordnung, zuletzt auch sittlicher Güter), dem Ausgangspunkte nach einseitig auf den Ausgleich der Willenskonflikte zugespitzt, war dieses in der Form der Rechtserkenntnis sich vollziehende Erkennen der Grundsätze des gesellschaftlichen Zusammenlebens roh, unvollkommen und äußerlich.[4] Nur das Sinnfälligste wurde erfaßt. Um aber

---

[1] Vierkandt Natur und Kulturvölker.
[2] Roscher System der Volkswirtschaft I. Bd. § 16.
[3] Wundt Ethik.
[4] Vgl. Ihering Geist des römischen Rechts § 3 über den Abstand zwischen dem wirklichen Rechte und dessen Formulierungen. — Beispiel: Die Entwicklung des Tauschverkehrs führt zur Einschränkung des langen (im Oriente noch jetzt manchmal tagelangen) Feilschens. Ein wie unbeholfener Ausdruck dieser Tendenz ist das alte athenische Gesetz, daß Verkäufer am Markte sich nicht setzen dürfen! Oder: aus Unfähigkeit, das eigentliche sozialschädliche Moment des Raubes, Mordes zu erfassen, bestraft das alte deutsche Recht das „Auflauern auf den Wegen" als solches u. s. w.

der Wirklichkeit auch nur einigermaßen zu entsprechen, um
die wirklichen — bekanntlich so häufig verborgenen — Kausal-
zusammenhänge zu treffen, mußte die fortschreitende Rechtserkenntnis über die ausschließliche Betrachtung der äußeren Formen
menschlicher Willenskonflikte hinausgehen und ganze Reihen
anderer Erscheinungen des psychischen und sozialen Lebens in
den Umkreis ihrer Aufmerksamkeit ziehen, Erscheinungen, deren
Zusammenhang mit den Willenskonflikten langsam vor die Augen
trat. So wurden z. B.: Wille, Zweck, Absicht, Erklärung, Irrtum,
Zwang, Affekt (logische und psychologische Erscheinungen), Vermögen, Wert, Preis, Gebrauch (volkswirtschaftliche Erscheinungen),
Satz, Wortsinn (sprachliche Erscheinungen), Freiheit, Person,
Ehrlichkeit (ethische Erscheinungen), Ordnung, öffentliche Gewalt
(staatliche Erscheinungen) u. s. w. in den Rechtssätzen und der
Rechtsfindung betrachtet und angewendet, noch lange bevor
diese Erscheinungen zu Gegenständen neuer, bloß durch das
wissenschaftliche Interesse hervorgerufener selbständiger Disziplinen wurden. Das sich entwickelnde Rechtsbewußtsein,
welches sich über diese Erscheinungen für seine Zwecke klar
werden mußte, war in diesem Streben auf populäre Anschauungen
angewiesen und bildete den Niederschlag derselben, wenn es
nicht teilweise statt wirklicher Erkenntnis gar mit bloßen Er-
kenntnissurrogaten (mit nicht durchdachten, bloß unklar empfundenen Vorstellungen) arbeitete. Durch Jahrhunderte — wenn
nicht Jahrtausende — hat sich die Rechtserkenntnis in dieser
Weise recht und schlecht beholfen.

Erst spät, nachdem die Rechtserkenntnis sich zur wissenschaftlichen Form der Jurisprudenz durchgebildet hatte, entwickelten sich sukzessive andere Sozialwissenschaften: Staatslehre, Ethik, Volkswirtschaftslehre, Logik, Individual- und Völkerpsychologie, Sprachwissenschaft, Kulturgeschichte, Statistik u. a.,
zuletzt die allgemeinste Wissenschaft dieser Art, die Soziologie.
Einzelne dieser Disziplinen entstanden erst in neuester Zeit und
die übrigen nahmen erst vor kurzem — durch gesteigerte Arbeitsteilung, durch Entdeckung neuer Forschungsmethoden [5] — ihren
entscheidenden Aufschwung. Sie behandeln — jede von einem
andern Gesichtspunkte aus — Materien, die mit jenen der Jurisprudenz teils sich decken, [6] teils mannigfach verknüpft sind oder
in inniger Wechselwirkung stehen.

Die Jurisprudenz muß bestrebt sein, sich mit diesen Wissenschaften in steter Fühlung zu erhalten, soll sie den Anforderungen
des Lebens Genüge leisten und nicht immer mehr rückständig
werden. Denn durch den Aufschwung der anderen Sozialwissen-

---

[5] Ich erinnere an die vergleichende Sprachforschung, Studium der
Bodenverteilung, Statistik als Methode u. s. w.

[6] Das vermögensrechtliche Privatrecht behandelt beinahe dieselben
Erscheinungen wie die (einzelwirtschaftliche) Nationalökonomie, ebenso
Staatsrecht und Staatslehre, Politik u. s. w.

schaften ist die Wahrheit von gestern heute schon unhaltbar. Kann man z. B. glauben, daß die auf individueller Willensfreiheit aufgebaute Theorie des strafwürdigen Verschuldens ganz unverändert bestehen kann, wenn sich die Thesen Lombrosos über den geborenen Verbrecher bewahrheiten oder angesichts der Ergebnisse der Statistik, welche auf die Abhängigkeit der Verbrechenszahl und -Art von gewissen Zuständen des Milieus helles Licht werfen?[7] Wird dadurch die Praxis, die Gesetzgebung nicht beeinflußt?

Die Rechtswissenschaft muß immer die Ergebnisse der Forschungen auf anderen Wissensgebieten verarbeiten, die neuen Wahrheiten über die Zusammenhänge sozialer Erscheinungen sich aneignen, die geläuterten Begriffe anderer Wissenschaften stets übernehmen.

Vorarbeiten in dieser Richtung leisten zum Teile jene Sozialwissenschaften selbst. In dem Kreise der Tatsachen, auf die sie sich beziehen, nimmt das Recht einen zu breiten Raum ein, als daß sie es nicht auch von ihren besonderen Standpunkten betrachteten und ihre Methoden und Ergebnisse an ihm erprobten.

Allein, abgesehen von dem Mangel eines gemeinsamen Ausgangs- und Konvergenzpunktes für den Juristen in allen diesen Bestrebungen, befassen sich jene Disziplinen mit dem Rechte doch nur in seinen allgemeinsten Zügen; in die Rechtsbildung dringen sie höchstens bis zur Entstehung der einzelnen Rechtsinstitute und Rechtsätze vor: die Gesetzesanwendung aber (und die Technik der Rechtsetzung), diese eigentliche Domäne der Rechtswissenschaft, wird von ihnen — wie natürlich — niemals beschritten. So bleiben denn diese Bestrebungen vor der Schwelle der eigentlichen Jurisprudenz stehen. Die Jurisprudenz muß hier selbst ihre Arbeit ansetzen, um die notwendige Überleitung der Früchte anderer Wissenschaften in die Rechtsanwendung zu bewirken.

Dieser Forderung ist bisher wenig in zielbewußter Weise entsprochen worden. In der geschichtlichen Jurisprudenz wird allerdings der Zusammenhang mit anderen (geschichtlichen) Wissenschaften entsprechend der Konnexität der rechtlichen und sonstigen Sozialerscheinungen bis in die Rechtsanwendung hinein[8] gewahrt. Nicht also in der Erforschung des lebendigen Rechts in der praktischen Jurisprudenz. Hier werden nur die zeitlich und örtlich entlegenen Rechtsdisziplinen zur Vergleichung

---

[7] Der tiefe Einfluß dieser neuen Anschauungen auf alle strafrechtlichen Schulen läßt sich in den Vorschlägen und Debatten des deutschen Juristen-Kongresses im Jahre 1902 klar ersehen.

[8] Wie denn überhaupt für die geschichtliche Forschung im allergrößten Umfange die gewohnheitsrechtlichen Zustände in Betracht kommen, innerhalb deren die Rechtsetzung und Rechtsanwendung sich nicht so strenge sondern.

herangezogen, die Gesichtspunkte und Ergebnisse anderer Sozialwissenschaften fast gar nicht beachtet. Und doch ist dieses für die Jurisprudenz unerläßlich, wenn sie ihre Aufgabe nicht darauf beschränken will, die nackten Rechtsätze kennen zu lernen, sondern auch ihre Entstehungsgründe, ihren psychologischen Charakter und namentlich ihre Funktionen bewußt erfassen will, die sich von der Frage der gesellschaftlichen Reaktion auf dieselben nicht trennen lassen. [9] Man kann eben keine Seite des sozialen Lebens verstehen, ohne ihren Zusammenhang mit anderen zu kennen. [10]

Freilich ist die in Rede stehende Überleitung auch viel schwieriger als etwa die vergleichende Rechtswissenschaft, weil es sich dabei nicht um Vergleichung der Ähnlichkeiten und Verschiedenheiten, sondern um Aufdeckung der verborgenen Wechselwirkungen scheinbar ganz heterogener Erscheinungen handelt.

Das Haupthindernis, das der bewußten Einführung neuer Gesichtspunkte in die Rechtsanwendung entgegensteht, bilden aber gewisse, der gesamten Rechtsanwendung gemeinsame Vorstellungen, gewisse überkommene Methoden, deren sich der Jurist mehr halbbewußt als in voller Erkenntnis ihrer Eigentümlichkeiten bedient. Entstanden zu einer Zeit, wo die Jurisprudenz noch ganz auf sich selbst angewiesen war, als Niederschläge populärer Auffassungen, werden sie instinktmäßig festgehalten und bilden in ihrer Gesamtheit die Eigentümlichkeiten des spezifisch juristischen Denkens. Zum Teile sind sie als Produkte des historischen Werdegangs in den eigentümlichen Zwecken des juristischen Denkens tief begründet, zum Teile sind sie bloß Residuen längst überwundener Anschauungen, die unbesehen und ungeprüft gewohnheitsmäßig wie kurante Münze umlaufen. In dieser letzteren Funktion tragen sie in das juristische Denken die Stimmung einer gewissen Selbstgenügsamkeit hinein, die von vornherein das Bedürfnis einer weitergehenden Forschung nicht aufkommen läßt, so daß das juristische Denken sich in seiner Forschung schon bei einem relativ niederen Grade des Gedankenregresses beruhigt und das Fragebedürfnis bei gewissen Scheinerklärungen aufhört — Merkmale, die nach Comte der metaphysischen Entwicklungsstufe einer Wissenschaft zukommen.

---

[9] Um wieviel klarer wird z. B. der gemeinrechtlich als zulässig und wirksam anerkannte Verzicht der Frauen auf das Rechtsmittel des Senatusconsultum Vellejanum (Unfähigkeit zur Bürgschaft), wenn man in Betracht zieht, daß infolge der Reaktion der Kreditverhältnisse dieser ursprünglich als Benefizium der Frauen gedachte zwingende Rechtsatz zu einer als lästig empfundenen Fessel ihrer Rechtsfähigkeit sich umgestaltete. Ähnlich beim Zinsenverbot.

[10] Roscher Volkswirtschaft § 16.

Auf diese unserer Spezialwissenschaft eigentümlichen, halb dunklen Gedankenpartien ein wenig Licht zu werfen, ist das Ziel der nachfolgenden Untersuchungen.

I. Wesen und Eigentümlichkeiten des juristischen Denkens.

1. Die volkstümlichen Auffassungen.

Der proklamierte Zweck des akademischen Rechtsstudiums ist nicht die Erlangung einer mehr oder weniger ausgedehnten Gesetzeskunde, sondern die Schulung des juristischen Denkens. Keinen Grundsatz hält die Jurisprudenz so hoch, als daß sie nicht bloße Gesetzeskenntnis ist. (In dem Stolze, mit welchem diese Parole von Juristen namentlich den vorwitzigen Laien gegenüber entgegengehalten wird, findet sich noch ein Anklang an jene Zeiten, in welchen juris notitia noch ein Geheimnis Eingeweihter war.) Wenn man in der Praxis eine Behauptung widerlegen will und sich das Gegenteil derselben nicht direkt aus einer Gesetzesstelle ergibt, trachtet man durch Argumentation nachzuweisen, daß jene Behauptung gegen das juristische Denken verstößt. Das juristische Denken, manchmal auch strenges juristisches Denken genannt, begleitet den Rechtsgelehrten auf jedem Schritt als Werkzeug und als Postulat.'

Was ist das juristische Denken?

Welches sind seine Grundsätze, seine Eigenschaften? Wodurch unterscheidet es sich vom gewöhnlichen, unjuristischen Denken? Ist es — was von vornherein unwahrscheinlich — eine besondere Abart der Logik oder nur eine besondere der Materie des Rechts angepaßte Methode?[11] Nichts weniger als Klarheit herrscht über diese Fragen. Und doch ist das juristische Denken das Mittel, durch welches zahlreiche Urteile und Schlüsse gezogen werden, welches Argumente liefert und soviele Prozesse und Kontroversen entscheidet. Kraft des logischen Schlusses, den der Jurist zieht, fällt — wie jemand sagte — das Henkerbeil auf das Haupt des einen, schließt sich die Gefängnistür hinter dem andern, und logisch ist der Schluß, wenn er dem juristischen Denken gemäß ist.

Die gewöhnlichen Meinungen über die Natur des juristischen Denkens schwanken oder bewegen sich in Extremen.

---

[11] Das Charakteristische der bloßen „Methode" ist, daß sie ihre Regeln immer in offener oder verdeckter Form aus dem Gegenstande schöpft, auf den sie angewendet werden will, und kein reines (formales) Denkgesetz ist. Die Wahl einer Methode bei Erforschung eines Gegenstands ist der Ausdruck einer (gewissermaßen vorgefaßten) Meinung von der Natur dieses Gegenstands selbst. Je nachdem man z. B. zur Erforschung der Gesetze der Sprache, Volkswirtschaft u. s. w. die historische, statistische, organische oder sonstige Methode wählt, verrät man schon in der Wahl eine verschiedene Auffassung von diesen Materien und gelangt zu verschiedenen Resultaten.

Einmal wird an die kalt berechnende Strenge, an Starrheit und Unnahbarkeit gedacht, wenn von Juristen und ihrem Handwerk die Rede ist. Diese Anschauung entspricht der Betrachtung der Außenseite des Rechts, gewissermaßen seiner kriegerischen, nach außen gekehrten Funktionen (um mit Spencer zu reden), der Betrachtung des Juristenstands — gleich den Kriegern — als des exodermen Gewebes des Sozialorganismus, des Richters, der — wie das alte deutsche Recht vorschreibt — wie ein grimmer Löwe vor dem Publikum der Laien dasitzt, des jus militans, des Strafrechts.

Einem anderen, viel intimer in das Getriebe der juristischen Gedankenwelt hineinblickenden Standpunkte entspringt die gangbarste und am häufigsten begegnete Meinung, welche einen großen, aber zum Teile unpraktischen Scharfsinn als dem Juristen eigen ansieht und bei dem juristischen Denken übermäßige Feinheiten, Spitzfindigkeiten, Haarspaltereien u. dgl. mitklingen hört. Diese, namentlich der Betrachtung des Privatrechts entstammenden Ansichten fanden ihren drastischen Ausdruck in dem seinerzeitigen Haß des Volks gegen die gemeinrechtlichen „Rechtsverdreher" in zahlreichen Parömien über den Juristenstand,[12] ebenso wie noch jetzt in der Scheu vor juristischen Kniffen und Hintertüren der „Paragraphenreiter", vor Kautschukparagraphen u. s. w. Zweifelsohne tragen an diesen Meinungen die Unkenntnis des Publikums und diejenigen Auswüchse des juristischen Denkens die Hauptschuld, welche von Ihering (Scherz und Ernst in der Jurisprudenz) so beißend verspottet werden, aber ein Wahrheitskern pflegt in so verbreiteten Volksmeinungen gewöhnlich zu stecken. Zum Nachdenken gibt, daß auch andere Wissenschaften mit Vorliebe betonen, daß die Jurisprudenz — ähnlich der Logik und Mathematik — eine formale Wissenschaft ist, daß sie lediglich die Formen des menschlichen Denkens entwickelt, daß ihr aber die Gegenständlichkeit (die Übereinstimmung mit einem äußeren Objekte, die Realität) abgeht oder doch zum großen Teile abgeht. Da aber im Unterschiede von der Logik oder Mathematik die Jurisprudenz mit dem Anspruche auf Realität auftritt, d. i. positive Wirklichkeit zu erkennen prätendiert, so ist in jener Bezeichnung der Jurisprudenz als formal eigentlich auch der Vorwurf der Dialektik enthalten, den manche (z. B. Vierkandt) auszusprechen sich nicht scheuen.

2. Die Postulate der Jurisprudenz.

Abgesehen von der Auslegungstheorie, die später besprochen werden soll, stellt die Jurisprudenz allgemeine und anerkannte Charakteristika ihrer Methode nicht auf, wohl aber Postulate (Ideale), wie es ihrem normativen Charakter entspricht.

---

[12] Jurista nequista, Juristen böse Christen u. s. w.

Die Leidenschaftslosigkeit, Unparteilichkeit, Unbefangenheit, Vorurteilsfreiheit ist eines dieser Postulate, die Sicherheit (Voraussehbarkeit der Urteile, Konsequenz) ein anderes.

So sagt z. B. Ihering (Zweck im Rechte S. 385): „Unverbrüchliches Sicherheitsgefühl ist die Stimmung des Rechts. Könnte die Gerechtigkeit vom Himmel steigen, den Griffel zur Hand nehmen und das Recht so bestimmt, genau und detailliert aufzeichnen, daß die Anwendung desselben sich in eine bloße Schablonenarbeit (= Rechnen mit Begriffen) verwandeln ließe, es ließe sich für die Rechtspflege nichts vollkommeneres denken."

Einer viel späteren Zeit gehört ein drittes, jetzt schon sehr verbreitetes Postulat an: Das juristische Denken soll den tatsächlichen Bedürfnissen sich anzupassen verstehen, praktisch sein, den Mut der Inkonsequenz besitzen, wo dies die Verhältnisse erfordern.

Dieses (dritte) Ideal wird als mit dem zweiten in einem Widerspruche stehend betrachtet, ohne daß man deshalb eines von beiden aufgeben oder auf Mittel sinnen würde, den Widerspruch zu beheben, resp. die Einflußsphären beider Prinzipien abzugrenzen.

Die angeführten Ideale kommen bei Erforschung der bestehenden Eigentümlichkeiten des juristischen Denkens insoweit in Betracht, als ihr Bestand auf wirklich vorhandene Eigentümlichkeiten desselben hinzuweisen scheint und als sie die Richtungen der Forschung bezeichnen. Unter diesem Gesichtswinkel sollen nun die beiden erst erwähnten Postulate in Kürze erörtert werden. Das dritte kann wegen seiner Konnexität mit dem Ideale der Sicherheit, dann wegen seiner unendlichen Kompliziertheit (es greift in den Knäuel aller sozialen Interessen hinein) hier keiner besonderen Erörterung unterzogen werden.

A. Die Affektlosigkeit (Unbefangenheit) des Juristen.

Jeder Affekt (ob sogenannt sthenisch oder asthenisch) bewirkt eine Verengung des Bewußtseins, eine Begünstigung des unüberlegten, assoziativen (nach äußerlichen Momenten sich abwickelnden), triebartigen Vorstellungsverlaufs vor dem überlegten, nach den Kategorien der Logik (insbesondere dem Kausalitätsprinzipe) vor sich gehenden (apperzeptiven, nach der Terminologie Wundts) Gedankenverlaufe. Kurzum, jeder Affekt trübt die Fähigkeit des Intellekts, die Wahrheit zu erkennen, macht partiell blind. Die Leidenschaftslosigkeit ist Voraussetzung jedes wissenschaftlichen (auf Erkenntnis äußerer Wahrheiten zielenden) Denkens.

Die frühe Aufstellung dieses Erfordernisses gerade im juristischen Denken ist nur darauf zurückzuführen, daß der Jurist (Richter) am meisten den Einflüssen der Affekte ausgesetzt ist. Seine Urteile bilden sich inmitten des Kampfes der Parteien.

Willenskonflikte bilden für die Jurisprudenz nicht wie für andere Wissenschaften lästige Zwischenfälle, sondern geben ihr das ständige Milieu, das Lebenselement ab. Ferner aber setzen sich ihre Ergebnisse (Urteile) sofort in Wirklichkeit um, schneiden ins lebendige Fleisch.

Die Fälschungen durch den Affekt sind im juristischen Denken am leichtesten und am empfindlichsten; nur deshalb wurde in der Jurisprudenz das Postulat des Mangels von ira et studium so zeitlich und mit solchem Nachdrucke erhoben.

Entsprechend dem Stande der populären psychologischen Kenntnisse umfaßt dieses Postulat den Mangel i n d i v i d u e l l e r Affekte im weitesten Sinne (Gunst oder Ungunst für eine Partei), etwa im Umfange der in den Prozeßordnungen anerkannten Ausschließungs- und Ablehnungsgründe, also den Abgang von persönlichen Interessen, Verwandschaftsrücksichten u. s. w.

Moderne Sozialwissenschaften beleuchteten jedoch (über den Einfluß solcher individueller Affekte hinaus) in Bezug auf unser Denken und Urteilen über andere Menschen und ihre Handlungen den bestimmenden Einfluß mannigfaltiger s o z i a l e r Empfindungen (staatlicher, nationaler, beruflicher, religiöser Klassen-, Stände- und sonstiger Solidaritätsempfindungen, ethischer und anderer Gefühlsrichtungen, geschichtlicher Überlieferungen, hergebrachter Wertungen u. s. w.), welche vermöge ihrer größeren Konstanz und Allgemeinheit in der akuten Form der Affekte gar nicht auftreten und den einzelnen in ihnen befangenen Individuen regelmäßig nicht zu Bewußtsein kommen, sondern unterhalb der Bewußtseinsschwelle zurückbleiben, nichtdestoweniger aber — oder vielmehr eben deshalb — den rein logischen Charakter ihres Denkens und Urteilens in einer für wirklich Unbefangene unverkennbaren Weise trüben. Wer an vielen Beispielen klar sehen will, wie wenig es genügt, objektiv und unbefangen sein zu wollen, um in sozialen Fragen, in welchen das forschende Individuum selbst inmitten der Strömungen sich befindet, objektiv sein zu können, wie unsere Weltanschauung, unser ganzes Denken von verschiedenen sich kreuzenden und durchquerenden Tendenzen überwuchert ist, wie dieselben Erscheinungen unter diesen Einflüssen beim redlichsten Wahrheitsbestreben ganz verschiedene Beurteilung finden, der möge S p e n c e r s Einführung in die Soziologie zur Hand nehmen.[13]

---

[13] Ich kann mir an dieser Stelle nicht versagen, an eine treffende Bemerkung N i e t z s c h e s zu erinnern, daß wir uns unseren eigenen Begriffen und Vorstellungen gegenüber keineswegs indifferent verhalten, sondern die einen lieben und sie stets vom neuen hervorrufen, gegen andere Abneigung haben und uns ihnen nach Möglichkeit abschließen. Man denke an Begriffe wie Tod oder Krankheit. Trotz aller mathematischer Berechnungen sieht ein Spieler immer die Gewinstwahrscheinlichkeit größer als sie ist, weil er sie sich immer wieder vergegenwärtigt. Darauf beruht die ungeheure Rentabilität aller Lotterien, Ausspielgeschäfte u. s. w.

Und die moderne Logik (Wundt, Erdmann, Sigwart), welche überhaupt eine Annäherung an die Psychologie vollzogen hat, erklärt recht gut jene unbewußt bleibenden Beeinflussungen des Denkens.

Da drängt sich nun sofort die Frage auf, in die erst im Laufe der Untersuchung einzugehen sein wird: Hat das Postulat der Unbefangenheit den Sinn, daß der Jurist (Richter) sein Denken auch von Einflüssen aller sozialer Empfindungen loszumachen hat? Ist der Satz: pereat mundus fiat justitia nicht ironisch, sondern pathetisch zu verstehen? Ergeht wirklich an den Juristen die Forderung Spinozas, die menschlichen Dinge nicht zu loben oder zu tadeln, nur zu verstehen, sein Denken ganz auf den Boden des logischen Raisonnement zu stellen und von allen logisch-störenden, ob individuellen oder sozialen, Gefühlen zu entfärben? Ist solche Entfärbung überhaupt möglich? Ist sie je vorhanden?

B. Die Rechtssicherheit.

Es gibt zwei Seiten der Rechtssicherheit, ebenso wie zwei Arten der Rechtsunsicherheit.

Die eine betrifft die faktische Durchsetzung des erkannten (feststehenden) Rechts, die Seltenheit bewußter Rechtsverletzungen. Nur diese Seite der Rechtssicherheit schwebte jenem Weisen des Morgenlandes vor, welcher als idealsten Rechtszustand hinstellt, wenn ein schönes, mit Kostbarkeiten geschmücktes Weib einsam durch das Land wird reisen können. Diese Art der Rechtssicherheit fehlte so stark dem mittelalterlichen Europa. Bis zu einem gewissen Grade muß das Recht allerdings immer den Tatsachen sich unterwerfen, soll es als wirkliches (positives) Recht gelten. Ist innerhalb einer Gesellschaft (nicht bloß Fremden gegenüber) der Raub allgemeine Sitte, so fehlen dort offenbar die entwickelten Eigentumsbegriffe und wird dort in Wahrheit gar kein Eigentumsrecht verletzt. Wo alle stehlen, ist niemand ein Dieb, sagt treffend ein russisches Sprichwort. Bis zu einem gewissen Grade müssen daher immer die rechtlichen Normen auch als tatsächliche Naturgesetze der gesellschaftlichen Entwicklung in Betracht kommen können, d. i. die Gesetze des Sollens als jene des Seins.[14] Aber der Grad variiert. Seine Erhöhung hängt mit der Erstarkung der staat-

---

[14] Dagegen zum Teile Bierling (Kritik der juristischen Grundbegriffe, II. Bd. §§ 250 und 257 und Excurs B Seite 353) der gegen Zitelmanns Parallelisierung der Natur- und Rechtsgesetze in dessen Werke „Irrtum und Rechtsgeschäft" polemisiert. Die Naturgesetze unterscheiden sich von normativen durch ihre absolute Allgemeingiltigkeit. Sie dulden keine Ausnahmen und werden daher als Eigenschaften der Objekte selbst gedacht, während die Rechts- und Sittlichkeitsnormen als äußere Gebote einer dritten Macht (Gottes, Staates) prima facie sich vorstellen. (Vgl. Wundt Einleitung zur „Ethik".)

lichen Gewalt zusammen, des Solidaritätsgefühls aller Volks-
genossen. Dem Staate ist es wirklich gelungen, diese Seite der
Rechtssicherheit beinahe ganz zu verwirklichen: Die renitente
Gewalt hat er beinahe ganz niedergerungen, er kämpft jetzt fast
nur gegen die widerspenstige List (Korruption, Diebstahl, Ver-
bergung verbrecherischer Taten, Prozeßchikane u. s. w.) und
Nachlässigkeit.

Die andere Rechtsunsicherheit entspringt den Schwierigkeiten, das Recht zu erkennen (Rechtsverwirrung. Man denke
an den Zustand Deutschlands nach der Rezeption des römischen
Rechts.) Ihre Beseitigung hängt nur mit der Vervollkommnung
der Jurisprudenz zusammen. Das oben erwähnte Postulat der
Sicherheit im juristischen Denken betrifft nur diese Seite der
Rechtssicherheit, die Sicherheit, mit welcher in jedem einzelnen
Willenskonflikte was Rechtens ist erkannt wird. Das Symptom
und die höchste Steigerung dieser Sicherheit wäre die Übereinstimmung und Voraussehbarkeit (Vorausberechenbarkeit) der
Ergebnisse juristischen Denkens, der Urteile.

Ist nun dieses Postulat der Sicherheit geeignet, eine durchgreifende Eigentümlichkeit des juristischen Denkens zu bezeichnen, etwa seine besondere Exaktheit und Präzision? Unter
voller Würdigung der in dieser Richtung gemachten Fortschritte
und ohne in ein unwissenschaftliches Extrem zu verfallen,[15] glaube
ich dies verneinen zu müssen. Ich kann mehrere Stimmen an-
führen, denen eine ähnliche Anschauung zu Grunde liegen
muß. Gerade nämlich aus Anlaß der Kodifizierung des reichs-
deutschen bürgerlichen Rechts sind vielfache Bedenken erhoben
worden und wurde hiebei in höchsten und offiziellen Gelehrten-
kreisen die Meinung und Erwartung ausgesprochen, daß die
Praxis der Gerichte die gerügten Mängel sanieren werde. Hiebei
wurde offenbar vorausgesetzt, daß die Gerichte, ohne g e g e n
ihre juristischen Pflichten, insbesondere gegen das
juristische Denken zu verstoßen, es in ihrer Macht haben,
dasselbe Gesetz so oder anders anzuwenden.

Wenn v. S c h e y meint, die deutsche Jurisprudenz werde
Mittel und Wege finden, entgegen der rein abstrakten Gestaltung
des Sachenrechts im deutschen Gesetzbuch der wirtschaftlichen
Causa zur Geltung zu verhelfen (Vortrag in der juristischen Gesellschaft in Wien am 5. Februar 1902); wenn D e r n b u r g der Praxis
empfiehlt, den Mängeln des gesetzlichen Ausschlusses der Kompensation bei gewissen Lohnforderungen durch entsprechende
Handhabung des Zurückbehaltungsrechts zu begegnen, wenn man
(bei uns in Österreich z. B. E x n e r Hypothekenrecht § 90) an die
Praxis appelliert, daß sie die Unbilligkeit behebe, die sich manchmal aus der Erlöschung der Hypothek durch Konfusion ergibt —
so haben diese Erwartungen eine große Elastizität des juristischen

---

[15] Von der M o d e in der Justiz wurde auch schon gesprochen.

Denkens zur Voraussetzung. Viel gewichtiger aber als vereinzelte
Ansichten fallen auf derselben Voraussetzung aufgebaute Rechts-
einrichtungen in die Wagschale. Die Einrichtung des Zivilprozesses (namentlich in den Ländern, wo der Prozeßkosten-
ersatz nicht direkte Folge der Sachfälligkeit ist) ist auf die Voraussetzung zugeschnitten, daß regelmäßig jeder der beiden Teile
von seinem Rechte überzeugt ist:[16] bewußtes Unrecht sollte doch
nicht bloß als solches bezeichnet und behoben, sondern auch
bestraft werden.

Noch klarer ist es bei der Institution der Parteianwälte.
Wenn in unserem Strafprozesse der Klageanwalt die Bestrafung
verlangt und der Verteidiger (möglicherweise aus denselben un-
zweifelhaften Tatsachen) das Fazit „unschuldig" regelmäßig zu
ziehen die Aufgabe hat, so könnte man diese Einrichtung eine
unmoralische nennen, wenn die Rechtswissenschaft wirklich
immer aus gegebenen Tatsachen ganz exakte Schlüsse zu ziehen
erlauben würde. Denn einer von beiden — Ankläger oder Verteidiger — müßte ein Stümper oder Rechtsverdreher sein.

Ebenso weist auf die Elastizität des juristischen Denkens
der unausrottbare Gegensatz der Theorie zu der Gerichtspraxis
hin, ein Kampf, in dem sich die Gerichte der Waffe der
Ignorierung der Autorität juristischer Theoretiker,[17] die letzteren
der Waffe der Polemik zu bedienen pflegen. Ebenso auch die
zahlreichen durch Austausch der Gründe nicht zu beseitigenden
wissenschaftlichen Kontroversen.[18] Der späteren Darstellung
bleibt vorbehalten, zu zeigen, wie das Gebiet der Rechtsunsicherheit partiell dadurch verdeckt wird, daß man einen großen Teil
des juristischen Denkens als Tatsacheneruierung hinstellt und
so den Unsicherheitskoëffizienten zwar nicht eliminiert, wohl
aber des Dekorums halber dorthin verschiebt, wo er nicht so
direkt als Mangel des Juristen empfunden wird. Wer sie aber
ganz unverhüllt sehen will, der möge sich auf das Raten der
zu fällenden Entscheidungen der dritten Instanz verlegen, einer
Instanz, die gesetzlich nur mit den durch die Vorinstanzen
festgestellten Tatsachen arbeitet, für die es also (regelmäßig)
nur eine Aufgabe gibt: die Findung des Rechts.

Einen Laien befremdet es, er wird unmutig, wenn er bei
einem Rechtsfall keine kategorische Antwort oder mehrere verschiedene Antworten bekommt: dazu sind ja nach seiner Erwartung die Juristen da.

---

[16] Die Parteien können also aus denselben Tatsachen entgegengesetzte
Rechte ableiten. Freilich muß von den Fällen abgesehen werden, in welchen
die Tatsachen selbst unsicher sind und erst im Prozesse festgestellt werden.

[17] Auf Rechtsgutachten ist bei Gerichten keine Rücksicht zu nehmen.
Man vergleiche damit die Bedeutung medizinischer Fakultätsgutachten.

[18] Man versuche z. B. Ihering s Zivilrechtsfälle ohne Entscheidungen
verschiedenen Juristen zur Lösung vorzulegen.

Der Jurist ist durch Erfahrung abgestumpft, aber in der Regel gibt auch er sich keine Rechenschaft über die Gründe dieser Unsicherheit im allgemeinen. Nur die Nachlässigkeit der Gesetzesredaktion wird des öfteren als Grund der Kontroversen hervorgehoben (was zwar manchmal richtig ist, aber bei weitem das ganze Terrain der Unsicherheit nicht deckt), im übrigen pflegen generelle Gesichtspunkte ganz zu fehlen und man verliert sich in der Hervorhebung der Schwierigkeiten der einzelnen „Fälle". Darauf beruht die Unmöglichkeit, durch akademischen Unterricht praktische Juristen heranzubilden, wie es die verschiedenen Klagen [19] betonen.

Den jungen Juristen treffen die Hauptschwierigkeiten der Gesetzesanwendung unvorbereitet, er tritt aus dem Studium heraus mit einer mutigen Zuversicht, drauf los zu konstruieren, und muß die Schwierigkeiten erst aus der Erfahrung kennen lernen, bis er die Rechthaberei und Übereilung abdämpft.[20] Ich streife bloß diese Frage und gelange zu der Konklusion:

Auch die Aufstellung des zweiten Ideals (der Rechtssicherheit) im juristischen Denken rechtfertigt keinen Schluß auf das durchgreifende Vorhandensein der postulierten Eigenschaft.[21] Es besteht die Notwendigkeit einer positiven Erforschung, worin die Unsicherheit ihren Hauptgrund hat, wie weit und mit welchen Mitteln sie zurückgedrängt wurde und noch weiter zurückgedrängt werden könnte.

---

[19] Und Reformprojekte, z. B. das Projekt der Einrichtung juristischer Kliniken an den Universitäten.

[20] Vgl. die Selbsverspottung Iherings in „Scherz und Ernst in der Jurisprudenz".

[21] Man wäre vielmehr geneigt, anzunehmen, daß gerade der Mangel dieser Eigenschaft der Vater dieses Ideals ist.

II. Die gangbare Auslegungstheorie.
Kritische Darstellung ihrer Hauptlehren.

1. Übersicht und Hauptmangel.

In der Wissenschaft des Privatrechts hat sich eine Lehre ausgebildet, welche der Theorie des juristischen Denkens am nächsten steht: es ist das das Kapitel über die Rechtsauslegung (Interpretation). Die Lehre heißt juristische Hermeneutik. Ich schicke schon hier voraus, daß sie nicht das ganze Gebiet des juristischens Denkens umfaßt (vgl. Abschnitt III). Sie vernachlässigt insbesondere die gesetzgeberische Technik, das Phänomen, welches in der späteren Darstellung unter der Bezeichnung „Projektion" (eines Rechtsbegriffs auf die Tatsachen) beschrieben werden wird, und überhaupt das ganze große Übergangsgebiet zwischen der reinen Tatsachenerforschung und wirklichen Auslegung (vgl. IV. Abschnitt letztes Kapitel).

Aber abgesehen von der Beschränknng des Stoffs leidet diese Lehre an einem Kardinalfehler, welcher ihren Wert beinahe aufhebt:

Die Sätze, von welchen die Auslegung (und überhaupt die Anwendung) des Rechts geleitet wird, werden nicht als bloße natürliche Regelmässigkeiten, sondern als Vorschriften (d. i. auch als Rechtsnormen) aufgefaßt.

In dieser Erscheinung offenbart sich der angelernte Hang des Juristen, der sich beständig mit Willensäußerungen (Normen, Vorschriften) beschäftigt, alles unter dem teleologischen (normativen) Gesichtswinkel zu sehen, nirgends das Existierende als solches anzuerkennen und den Naturgesetzen nachzuspüren, die es beherrschen, sondern überall etwas statuieren, regeln zu wollen. Nichts ist klarer, als daß in der Lehre von der Auslegung dieser Ausgangspunkt falsch ist, d. h. keine mit der Wirklichkeit übereinstimmenden Resultate ergibt. Denn die Regeln, von denen die Auslegung des Rechts beherrscht wird, sind nicht selbst Recht, nicht Ausfluß des gesetzgeberischen Willens. Der Gesetzgeber kann gebieten, verbieten. Er muß hiebei solche Ausdrucksmittel wählen, welche geeignet sind, seine Gebote denjenigen verständlich zu machen, an die sie sich richten. Verfehlt ein Gebot seine Wirkung infolge eines Mißverständnisses u. dgl., so kann der Gesetzgeber durch ein neues oder anders gefaßtes Gebot dem erstern nachhelfen. Aber es steht nicht in seiner Macht, durch Erlassung von Normen das Maß des Verständnisses, welches seinen Befehlen entgegengebracht wird, zu heben, die Auslegung (= die geistige Aufnahme seiner Äußerungen) durch gewillkürte Normen zu bessern, zu regeln. Er kann eben nichts anderes, als eine Norm erlassen, die Aufnahme derselben unterliegt den allgemeinen sozialen, psychologischen, logischen, sprachlichen und sonstigen Naturgesetzen.[1]

Die Gesetze, welche die Auslegung beherrschen, sind Naturgesetze und keine Rechtsnormen. Oder glaubt jemand, daß, wenn ein Gesetz anordnet: „Einem Gesetze darf in der Anwendung kein anderer Verstand beigelegt werden, als welcher aus der eigentümlichen Bedeutung der Worte in ihrem Zusammenhange und aus der klaren Absicht des Gesetzgebers hervorleuchtet" (§ 6 bGb.), die Vorschrift wirklich Mißverständnissen vorzubeugen geeignet ist und die Auslegung irgendwie beeinflußt? Ebenso wie es genügt, daß das Gesetz etwas gebietet und es logisch[2] ganz zwecklos wäre, noch besonders anzuordnen, daß jenes Gebot zu befolgen sei, ebenso genügt es, daß der Gesetzgeber seinen Willen verständlich äußert, und ist es überflüssig, daß er noch die Normen des Verständnisses aufstellt.[3]

Dieser Satz muß aber eine sehr wichtige Einschränkung erfahren:

In der Form der Auslegungsnormen verbergen sich sehr oft neue Rechtsvorschriften, ebenso wie sich oft ein neuer Rechtsatz für eine authentische Interpretation eines alten ausgibt.[4]

Es ist dies leicht für jedermann erklärlich, der das Phänomen erfaßt hat, welches Ihering (Geist des röm. Rechts)

---

[1] Treffend drückt das aus der Satz Ungers (Vorrede zum System des österr. Rechts): „Der Schlüssel zum Verständnis eines Gesetzbuchs muß anderswo her, als aus diesem selbst geholt werden."

[2] Psychologisch kann die Sache anders liegen (Republikation, Einschärfung der Normen).

[3] Tatsächlich tun es moderne Gesetze immer weniger.

[4] So ist es keineswegs gleichgiltig, ob der Gesetzgeber ein Gesetz mit oder ohne Anwendung der Analogie anzuwenden gebietet, aber dieses Gebot ist ein neuer nicht schon in den anderen Bestimmungen des Gesetzes enthaltener Willensinhalt, also in Wirklichkeit keine Auslegungsregel, sondern eine neue Anordnung. Vgl. z. B. die „Auslegungsregeln" wie: in dubio contra fiscum oder quotiens dubia interpretatio libertatis est, secundum libertatem respondendum erit.

Präzipitierung der Rechtsätze zu Rechtsbegriffen nennt. Da auf einer gewissen Entwicklungsstufe der gesetzgeberischen Technik das Recht die imperativistische Form direkter Befehle abzustreifen pflegt und die Form von abstrakten Begriffen annimmt, aus welchen sich Befehle erst ergeben, so sind die Sätze, welche den Inhalt jener Begriffe bestimmen[5] in ihrer Wirkung neuen direkten Geboten gleich oder überlegen, mögen sie sich auch mit dem Gewande einer bloßen Interpretation umhüllen.[6] Dadurch darf sich aber die Auslegungswissenschaft nicht beirren lassen. Dem Gesetzgeber steht es eben frei, die Form seiner Befehle nach Belieben zu wählen, die Jurisprudenz hat aber die Aufgabe, neue Rechtsätze, wie immer sie verkleidet sind, als solche aufzudecken und darzustellen, die wirklichen Auslegungsregeln nur dort zu suchen, wo sie wirklich zu finden sind, u. zw. in der Verfolgung der Schicksale, welchen eine formulierte Rechtsnorm auf dem Wege zur faktischen Anwendung unterworfen ist.

Die im Privat-, Straf- und manchmal im Prozeßrechte[7] behandelte Auslegungstheorie beschränkt sich aber auf die bloße Betrachtung der gesetzlichen Regeln. Hiebei muß sie bei der Dürftigkeit der neueren Gesetze in dieser Beziehung auf das gemeine Recht zurückgreifen und sich auf das corpus juris stützen, als ob z. B. für die Frage, ob singuläre Rechtssätze analog angewendet und extensiv interpretiert werden können, [8] ob die logische Interpretation über den möglichen Wortverstand hinausgehen dürfe,[9] ob „cessante legis ratione cessat lex ipsa" die Ansicht dieses oder jenes römischen oder gemeinrechtlichen Juristen für alle Zeiten maßgebend wäre. (Aus diesem Grunde strotzt gerade die juristische Hermeneutik von lateinischen Sentenzen und römischen termini technici, wenn auch die bezüglichen Kapitel in den Rechtssystemen immer knapper gefaßt zu werden pflegen.) Bei aller Anerkennung des Taktes und der Intuition gemeinrechtlicher Juristen muß man doch zugeben, daß ihnen viele uns jetzt durch statistische, ökonomische u. dgl. Studien geläufig gewordene Einblicke in das soziale Getriebe fremd

---

[5] Begriffsentwickelnde Sätze (Thöl Einleitung in das deutsche Privatrecht § 33). Vgl. über diese Materie Bierling Zur Kritik juristischer Grundbegriffe II. Bd. § 13 ff und Merkel in Holzendorffs Enzyklopädie der Rechtswissenschaften.

[6] Wenn z. B. ein Gesetz bestimmt: „Die Eltern müssen ihren Kindern einen Pflichtteil hinterlassen" (§ 763 bGb.) und fortfährt: „Unter Kindern sind auch die Wahlkinder zu verstehen" (Hfd. vom 10. Mai 1833 JGS 2610), so ist der Nachsatz seiner Form nach bloß begriffsentwickelnd (eine Interpretationsregel), seinem Inhalte nach ein neues Gebot, nämlich Ausdehnung des Pflichtteilrechts auf Wahlkinder.

[7] Anton Menger Österr. Zivilprozeß.

[8] Quod contra juris rationem receptum est, non est producendum ad consequentias (141 pr. D. de R. 7. 1).

[9] Ungers System § 13, III, 2 und Note 33, der gegen Schomann polemisiert.

waren und wir der selbständigen positiven Nachforschung durch
einen gemeinrechtlichen Ausspruch nicht überhoben werden. So
trefflich nämlich diese im einzelnen und speziellen urteilen,
so sind sehr oft ihre Auslegungsregeln (die von der Natur aus
mehr generellen Charakter haben) nichts als aus Anlaß eines
einzelnen Falls gemachte, auf diesen Fall zugeschnittene, sonst
aber einseitige Verallgemeinerungen. Deshalb bewegen sich auch
die (wirklichen) gemeinrechtlichen Auslegungsregeln in Widersprüchen.[10]

Verlangt eine Rechtsnorm Schutz gegen Verdrehung, so
sagt man:

(Paulus l. 25 § 1 D de leg III) „Cum in verbis nulla am-
biguitas est, non debet admitti voluntatis quaestio" oder (bei
Anwendung auf Testamente) „Non aliter a significatione ver-
borum recedere oportet, quam si manifestum est aliud sensisse
testatorem."

Hingegen ein andermal:

(L. 13 § 2 D de excus. 27) „Sed et si maxime verba legis
hunc habent intellectum, tamen mens legislatores aliud vult."
‹Nam prior atque potentior est quam vox, mens dicentis"
(l. 7 § 2 de supell. 33. 10) „Non dubium est in legem committere
eum, qui verba legis amplexus, contra legis nititur voluntatem."

Will man einen Rechtssatz durchläufig zur Anwendung
bringen, so wird gesagt: „Lege non distinguente nec nostrum
est distinguere" oder (l. 21 de legibus D 1, 2) „et ideo rationes
eorum, quae constituuntur inquiri non oportet".

Sträubt sich aber das Rechtsgefühl gegen die strikte Anwendung, so sagt man:

„Placuit in omnibus rebus praecipuam esse justitiae aequi-
tatisque[11] quam stricti juris rationem" oder das berühmte: „cessante legis ratione cessat lex ipsa".

Will man einen Rechtsatz auf sein ursprüngliches Gebiet
eingeschränkt halten, so sagt man:

„Exceptio firmat regulam in casibus non exceptis" oder
speziell: „cum lex in praeteritum quid indulget, in futurum vetat‹
(sogen. argumentum a contrario), will man aber einen Satz ausdehnen, so repliziert man einfach: „unius positio non est ex-
clusio alterius".

„Ratio ubi eadem convenit, idem juris est."[12]

---

[10] Daher bemerkt mit Recht Georg Frenzel Recht und Rechtsätze,
Leipzig 1892, Seite 40, daß immer „mehrere kunstgerechte Operationen"
möglich sind, um aus unklarem Gesetze klare Normen zu gewinnen,
von welchen die Gerichte eine wählen.

[11] aequitas = billige Berücksichtigung individueller Unterschiede.

[12] Codex Theresianus V, 86: Wo einerlei der Sache Beschaffenheit
ist, da muß auch einerlei Recht sein. (Ubi eadem legis ratio, ibi eadem
dispositio.)

Es ist interessant zu betrachten, wie die Kommentare und Systeme[13] sich abmühen, durch tausendfache Verklausulierungen und Einschränkungen diese sich durchkreuzenden Sätze an einer Deichsel einzuspannen.

2. Einteilung der Resultate der Auslegungstätigkeit nach der gangbaren Theorie.

Die romanisierende Auslegungslehre stellt als Ziel der Auslegung die Ermittlung des Sinnes (Inhalts, Absicht, Willens, mens, sententia) der Rechtsnorm und lenkt vorzugsweise ihre Aufmerksamkeit auf das Verhältnis des „Sinnes" zum „Worte" des formulierten Rechtssatzes. Da das Verhältnis verschieden sein kann, je nachdem der gewonnene Sinn sich mit dem Worte deckt oder in verschiedenen Abstufungen divergiert, so gelangt sie zur Aufstellung der bekannten Stufenleiter.

1. interpretatio extensiva (Sinn weiter als Wort),

interpretatio declarativa im weitern Sinne {
2.   „   lata (Wort mehrdeutig, wird im weitern Sinne genommen),
3.   „   declarativa (Wort und Sinn decken sich eindeutig),
4.   „   stricta (Wort mehrdeutig, wird im engeren Sinne genommen),
}

5.   „   restrictiva (Sinn enger als das Wort).

Der von manchen angeführte, von anderen seiner Zulässigkeit bestrittene Fall „Sinn anders als das Wort" (interpretatio obrogans, berichtigende Auslegung) ist nur eine Kombination des Falles 1 und 5.

Obige Stufenleiter muß noch ergänzt werden: durch Analogie (als erstes Glied) und Antinomienlösung (als letztes Glied).

Die erstere ist vorhanden, wenn der Sinn (trotz allfälliger extensiven Interpretation) unzureichend ist, um einen gegebenen Tatbestand zu umfassen und trotzdem auf denselben bezogen wird.

Die letztere liegt dann vor, wenn derselbe Tatbestand unter zwei kontroverse „Sinne" (trotz allfälliger restriktiver Interpretation der bezüglichen Gesetzesstellen) fällt.

Diese beiden Einteilungsglieder werden nicht durch Betrachtung des bloßen Verhältnisses des Worts zum Sinne, sondern durch Einbeziehung des Verhältnisses des Tatbestands zum Sinne gewonnen und eben deshalb bildet ihre Erklärung den Tummelplatz hartnäckigster Kämpfe, wovon später die Rede sein wird.

Das durch Hinzufügung der Analogie und Antinomienlösung entstehende siebengliederige Schema der Einteilung der Aus-

---

[13] Vgl. z. B. in Ungers System die Kapitel über die Auslegungslehre.

legungsresultate ist, wie sich bei seiner logischen Betrachtung
ergibt, erschöpfend und lückenlos, da es von dem Falle der
Unzulänglichkeit des weitesten Sinnes bis zum Falle der Über-
mäßigkeit (Überbestimmtheit) beim engstgedachten Sinne alle
Zwischenstufen durchläuft.[14]

3. Kritik obiger Einteilung.

Das erste, was man von einer Einteilung verlangen kann,
ist, daß sie wirklich erkennbare Eigenschaften der Sachen als
Einteilungsgründe benütze, daß sie durchführbar sei. Eine bloß
„begriffliche" Einteilung, welche unentschieden läßt, ob ein Ding
zur einen oder zur anderen Gruppe gehören soll, ist ein meta-
physisches Unding, welches wenigstens aus praktischen und
exakten Wissenschaften verbannt werden soll.

Schon diesem Erfordernisse leistet die im vorigen Kapitel
schematisch dargelegte Siebenteilung der Resultate juristischen
Denkens nicht ganz Genüge.

Man versuche jenes siebengliedrige Schema an die Wirklichkeit anzulegen.

Es ist ungemein charakteristisch, daß dieselben Handbücher,
nach welchen die einzelnen Einteilungsgruppen, wie etwa die
Analogie und interpretatio extensiva u. s. w. „strenge auseinander-
zuhalten", „nicht zu verwechseln" sind, selbst über die Zugehörigkeit der von ihnen gewählten Beispiele streiten.

---

[14] Umso befremdender ist es, daß manche Rechtslehrer noch daneben
eine besondere „Entwicklung des Gesetzesinhalts" der Auslegung anreihen, ohne daß sie klar machen, warum die einheitliche gedankliche Arbeit, die auf Erkennung des Rechts aus einem formulierten Rechtsatze gerichtet ist, in zwei getrennte Tätigkeiten geteilt wird. Im übrigen wird
die „Entwicklung des Gesetzesinhalts" sehr dürftig — mit einigen Schluß-
figuren — ausgestattet, und zwar rechnet man hiezu (Unger System des
allgem. österr. Privatrechts § 13 lit. B) den sogenannten

  Schluß vom Zweck auf die Mittel
  Conclusio a majori ad minus
  „   a minori ad majus
    (das Verbot des in fraudem legis agere?).

Ob das argumentum a contrario der Entwicklung oder der Auslegung
beizuzählen sei, ist strittig. Die Einteilung in Auslegung und Entwicklung
als verschiedenartige Tätigkeiten ist aber überhaupt unklar und nicht anzunehmen; sie ist nur darauf zurückzuführen, daß gewisse, wirklichen Inhalt besitzende, aber isolierte Beobachtungen über die Auslegungsvorgänge
in die einzelnen Einteilungsglieder jenes Schemas teils infolge seiner Hohl-
heit, teils seiner Undurchführbarkeit nicht wohl eingefügt werden konnten.
Sie wurden in jener Verlegenheitskategorie gesammelt und mit dem Namen
„Entwicklung" belegt. Es ist aber absolut nicht einzusehen, warum z. B. der
Fall, wo der Jurist jemanden, der vom Gesetze zum Wasserschöpfen aus
einer Quelle berechtigt ist, auch zum Zugange zu dieser Quelle berechtigt
erklärt (Schluß vom Zweck auf die Mittel), nicht ebenso als Interpretation
(etwa extensive Interpretation) des bezüglichen Gesetzes gelten könnte,
wie es bei so vielen anderen logischen Raisonnements der Fall ist, worin
da der prinzipielle Unterschied bestehen sollte.

Savigny[15] gibt als Beispiel „der interpretatio declarativa" den Fall an, wenn ein Gesetz zur Giltigkeit eines Geschäftes Zeugen verlangt, aber ihre Zahl nicht nennt, Unger (System § 10 Anm. 31) und Thöl (Einleitung in das deutsche Privatrecht) kämpfen dagegen an und glauben, daß die in diesem Falle notwendige wissenschaftliche Eruierung der Zeugenanzahl nur im Wege einer Ergänzung des gesetzgeberischen Willens, einer Analogie möglich sei.

Unter dem Worte „Vater" im § 150 bGb.[16] versteht Pfaff-Krainz (System des Privatrechts § 13 Note 21) auch die Mutter und gibt diesen Denkakt als Beispiel einer ausdehnenden Interpetation. Wie viele würden sich dagegen verwahren und dies als den reinsten Fall der Analogie hinstellen.

Um die Tragweite dieser und anderer Kontroversen voll zu würdigen, darf man nicht aus den Augen lassen, daß man als Beispiele Fälle zu geben sucht, die typisch sind, welche die gesuchten Eigenschaften am stärksten aufweisen: kann man nun selbst an einem Beispiele rütteln, so beweist dies, daß der gewählte Einteilungsgrund ein sehr schillernder ist. Dies betonen auch Pfaff-Hoffmann, wenn sie in ihrem Kommentar (zu §§ 6 und 7 bGb.) vom „Indifferenzpunkt" zwischen der extensiven Interpretation und Analogie sprechen, wie denn überhaupt von ihnen viele Mängel der traditionellen Auslegungslehre trefflich beleuchtet werden.

Nichtdestoweniger muß man zugeben, daß sich zwischen den Fällen, wo das Resultat des juristischen Denkens in der Wortbedeutung enthalten ist, einerseits[17] und den übrigen andrerseits im großen und ganzen eine Grenze wirklich ziehen läßt und daß die herkömmliche Siebenteilung in den Grenzen einer solchen Zweiteilung auch wirklich durchführbar sei. Ich antizipiere hier mit dieser Ansicht die Ausführungen des nächsten Kapitels.

Aber selbst wenn jene siebengliedrige Einteilung sich zur Gänze als durchführbar erweisen wollte, so ist hiemit ihre Berechtigung noch keineswegs erwiesen. Man könnte sehr wohl die Gesamtheit der Tiere nach ihren Farben, die Pflanzen nach ihrer Größe einteilen und doch fällt es niemandem ein Jede Einteilung muß nicht bloß durchführbar, sie muß auch, — wie man zu sagen pflegt — fruchtbar sein, sonst ist sie eine gedankenlose Zerschneidung des Materials. „Fruchtbar

---

[15] System des heutigen röm. Rechts, ebenso Wächter.

[16] Derselbe lautet: Wird dem Vater von demjenigen, dem das Kind das Vermögen zu verdanken hat, die Fruchtnießung verwilliget, so haften die Einkünfte doch immer für den standesgemäßen Unterhalt des Kindes und sie können zum Abbruche desselben von den Gläubigern des Vaters nicht in Beschlag genommen werden. — Wie Pfaff-Krainz auch oberstger. Entsch. vom 28. Jänner 1884 G. U. 9853 und 7. März 1865 G. U. 2132.

[17] Also (um mit der üblichen Terminologie zu sprechen) Fällen der Interpretatio lata declarativa und stricta.

sein" bedeutet, daß sich von den einzelnen Gliedern der Einteilung etwas Besonderes, für den bestimmten Zweck Wichtiges
denken läßt. Juristisch ausgedrückt: die einzelnen Einteilungsglieder müssen Gegenstand besonderer Regeln sein.

In der Tat hat man früher verschiedene Regeln dieser
Art aufgestellt, z. B. wann die restriktive Interpretation platz-
zugreifen habe, wann die Worte im weiten oder im engsten
Sinne zu nehmen sind, als da: daß korrektorische Gesetze im
Zweifel einschränkend zu interpretieren sind,[18] daß ein zu
Gunsten gewisser Personen geschaffener Rechtsatz immer einschränkend ausgelegt werden soll, wenn seine Verfügung im
konkreten Falle sich zu ihrem Nachteile umkehren würde,[19]
daß Privilegien weitest (nach anderen engstens) auszulegen
sind,[20] ebenso in Anwendung auf Privaterklärungen, daß die
vor Gericht gemachten weiter (latius = liberaler, freier) zu
interpretieren sind, als die Erklärungen bei Verträgen,[21] daß
singuläre Rechtsätze weder ausdehnend ausgelegt, noch analog
angewendet werden sollen u. s. w. Mit Ausnahme der letzterwähnten Regel: daß singulares Recht keinen Ausgangspunkt
für Analogie[22] bildet, kann man mit vollster Ruhe allen derartigen Regeln die lebendige, einleuchtende Überzeugungskraft
absprechen: bloß auf diese Regeln gründet sich niemals eine
richterliche Überzeugung. Werden sie zwar in einleitenden
Kapiteln der Lehrbücher noch angeführt, so geschieht es doch,
um im weitern Verlaufe der Darstellung ganz beiseite gelassen
zu werden. Werden sie aber irgendwo in der Praxis noch angerufen, so bilden sie nur höchstens eine Verlegenheitsbegrün-
dung, hinter welcher ganz andere (ob bewußte, ob unbewußte)
Impulse die treibende Kraft abgeben.

Tatsächlich werden sie immer mehr und mehr verlassen.

Nicht bloß die Wissenschaft, auch die Gesetzgebung hat
es versucht, von jenen auf dem Verhältnisse des Sinnes zum
Worte aufgebauten detaillierten Unterscheidungen Gebrauch zu
machen. Dies namentlich in der Form zahlreicher Verbote der

---

[18] Correctoriae leges sunt stricte interpretandae.
[19] l b C de legibus (1, 14). Quod favore quorundam constitutum est,
quibusdam casibus ad laesionem eorum nolumus inventum videri. Die
Regel wird noch von Pfaff-Hoffmann anerkannt.
[20] l 3 de auctoritate 1, 4 Beneficium imperatoris, quod a divina
scilicet ejus indulgentia proficiscitur, quam plenissime interpretari debemus.
Direkt entgegengesetzt Codex Theresianus § V 90: . . . . . ist überhaupt
für eine Richtschnur zu halten, daß keine Befreiung über den klaren Inhalt der Verleihungsurkunde zu erweitern und auszudehnen, sondern auf
das Genaueste auszudeuten ist.
[21] Avexanius Interpretationum libri V., 2tes Buch, Kap. 30 „In
judiciis latior sit interpretatio quam in contractibus.
[22] „Kein produktives Prinzip" sagt Ihering Geist des röm. Rechts
§ 4 Anm. 18.

ausdehnenden oder auch einschränkenden Interpretation u. s. w.[23]
Auch diese Verbote haben sich nicht bloß als unpraktisch,
sondern auch als undurchführbar erwiesen und werden jetzt
durchweg fallen gelassen.[24]

4. Einteilung der Methoden der Auslegungstätigkeit nach der gangbaren Theorie.

Die in den vorigen Kapiteln besprochene Einteilung ist eine
Einteilung der gewonnenen Resultate des juristischen Denkens,
wobei das Verhältnis des Sinnes zum Worte als Haupt-
cynosur dient. Es ist das eine Einteilung, vom Standpunkte
des systemisierenden Theoretikers gemacht. Stellt man sich auf
den Standpunkt des praktischen Juristen, dem die Resultate
(Entscheidungen) nicht fertig vorliegen, der sie vielmehr erst
gewinnen muß, und wendet man dieselbe Cynosur an, so ver-
wandelt sich jene Einteilung der Resultate in eine Einteilung
der Methoden und man gelangt zur üblichen Unterscheidung der
grammatischen und logischen Interpretationsmethode, von denen
die erste zu ihrem Ziele durch Betrachtung der Sprache (des
Worts), die zweite durch andere Mittel strebt. Der Gedanke,
der in dieser Einteilung der Methoden zum Ausdrucke kommt,
ist derselbe, wie in jener Einteilung der Resultate: es sind
das zwei Gleichungen, die in verschiedener Form dieselbe Funktion darstellen und daher zueinander in engster Abhängigkeit stehen müssen. Je selbständiger, prägnanter, entschiedener
sich die grammatische Interpretationsmethode von der anderen
(logischen) abhebt, destomehr Berechtigung wird die Scheidung
der innerhalb des Wortsinns sich bewegenden Resultate von
den anderen haben. Der beste Prüfstein der Berechtigung einer
Einteilung ist eben die genetische Verschiedenheit, die Verschiedenheit des Ursprungs der Einteilungsglieder. Und gerade
deshalb, weil in genetischer Beziehung auf der Cynosur: Wort
in seinem Verhältnisse zum Sinne, nur eine Zweiteilung der Methoden aufgebaut wird, kann ich jenes mehrmals erwähnte siebengliedrige Schema nur als Zweiteilung gelten lassen (vgl. voriges
Kap.). Betrachten wir nun näher den Kernpunkt der Einteilung
der Interpretation in grammatische und logische, so entdecken
wir, daß der logische Gehalt dieser Einteilung in der Betonung
der Wichtigkeit des sprachlichen Momentes für die Auslegung

---

[23] Beispielsweise sagt Codex Theresianus § V 81 al 2: Niemandem
ist es daher gestattet, unter dem Vorwande eines Unterschieds zwischen
dem Worte und dem Sinne des Gesetzes solche auf einerlei Weise zu
erweitern oder einzuschränken. Eine Spur hievon: bGb. § 771 verba „in
dem Worte und in dem Sinne des Gesetzes".

[24] Es gilt noch das Analogieverbot im Strafrechte, soferne es sich
um Aufstellung strafbarer Tatbestände und Strafen handelt: Hier tritt an
Stelle der Analogie oft eine übermäßig erweiterte Projektion, z. B. die
Subsumierung wucherischer Tatbestände zur Zeit der Wucherfreiheit
unter den Betrugsparagraph.

besteht, sich aber darin auch ganz erschöpft. Dieser Gedanke
ist in der Hervorhebung der „grammatischen" Interpretation als
einer besonderen, relativ selbständigen Methode eben inbegriffen.
Das andere Einteilungsglied bezeichnet uns aber schlechtweg
gar nichts, es ist bloß zur Komplettierung da, ergibt sich durch
bloße Opposition, hat selbst keinen positiven Wert. Denn daß
die Logik uns nirgends, am wenigsten bei einer wissenschaftlichen Tätigkeit verlassen soll, ist doch keine positive, irgend
einen Wert repräsentierende Erkenntnis, keine Eigentümlichkeit einer besonderen Methode. Auch die grammatische Interpretation bedarf der Logik und soll logisch sein.

Die Leere und völlige Gehaltlosigkeit des zweiten Ein-
teilungsglieds ist auch schon allseitig anerkannt worden, doch
trachtet man, diesen Mangel als einen bloß terminologischen hinzustellen, man findet nur die Bezeichnung „logisch" zu vag. Eine
passendere wurde aber bisher nicht gefunden. Ja, man möge
es nur eingestehen: nicht für etwas bestimmt Vorgestelltes wird
da ein passender Ausdruck gesucht, es wird nichts Bestimmtes
unter dem zweiten Einteilungsgliede vorgestellt und deshalb
muß man mit so weit ausgreifenden Bezeichnungen wie „logisch"
(manchmal „philosophisch" nach Thöl „rechtswissenschaftlich")
sein Auskommen suchen.

———————

Den ersten Schritt aus der Verschwommenheit dieser allgemeinen Ausdrücke, neue greifbare Gebilde herauszuheben,
machte Savigny (System des heutigen römischen Rechts,
Bd. I S. 212 ff.). Er hebt neben dem sprachlichen noch das
systematische und historische Moment als treibende Kräfte der
Auslegung hervor und gewinnt hiedurch die grammatische,
historische und systematische Auslegung, wobei er in der Erkenntnis, daß die Auslegungstätigkeit noch andere Wege einschlägt, den Reservebegriff der „logischen Auslegung" als
vierte Kategorie beibehält. In dieser Vierteilung sind schon
drei wichtige Elemente der Auslegung deutlich erfaßt, das
sprachliche Moment, die Tendenz, den gesamten Rechtsstoff
auf einen einheitlichen, in sich widerspruchslosen Willen zurückzuführen (das systematische Moment), und das Moment der zeitlichen Kontinuität (das konservative).[25] Savignys Ausführungen
blieben auch eine dauernde Errungenschaft der Auslegungs-

———————

[25] Von Savigny „historische" genannt und trotz seiner starken Betonung zu eng begrenzt. Indem er nämlich — wie es dem Juristen eigen
ist — seinen Blick bloß an das Regelnde heftet, bezeichnet er als das
Wesen des historischen Moments in der Auslegung bloß die Berücksichtigung des zur Zeit des auszulegenden Gesetzes für das vorliegende
Rechtsverhältnis durch Rechtsregeln bestimmten Zustands. Das
konservative Moment zeigt aber auch andere Erscheinungen. Vgl. hierüber
IV. Abschnitt, letztes Kapitel.

lehre, obwohl seine Einteilung von seinen bedeutendsten
Schülern verworfen wurde, dies (ein Symptom des in der
Jurisprudenz wirkenden Scholastizismus) deshalb, weil sie nicht
etwa unrichtig, sondern unvollständig sei,[26] weil sich auch noch
andere Elemente in der Auslegung finden lassen, also aus Gründen des verletzten Symmetriegefühls. (Würde man auch in
Naturwissenschaften eine neue Wahrheit bloß deshalb ver-
werfen, weil sich nicht alles erschöpft?)

Allerdings war sich Savigny selbst des vollen Werts
seiner Einteilung nicht bewußt, wenn er z. B. im § 35 bei Besprechung der Mittel der Erklärung mangelhafter Gesetze seine
eigene Einteilung verläßt und als solche Mittel angibt:

1. inneren Zusammenhang der Gesetzgebung;
2. Zusammenhang des Gesetzes mit seinem Grunde:
3. inneren (?) Wert des durch die Auslegung gewonnenen
Inhalts.

Das erste Mittel entspricht dem systematischen Moment,
dem letzten (dritten) fehlt jede wissenschaftliche Bestimmtheit,
das zweite soll noch kurz besprochen werden.

5. Grund des Gesetzes (ratio).

Der Grund „ratio" des Gesetzes ist der letzte große Bau-
stein der im Privatrechte ausgebildeten Auslegungstheorie. Indem sie auf die Verschiedenheit der Auslegungsresultate hin-
wies und zwei Auslegungsmethoden unterschied, wurde sie vor
die Frage gestellt, welche Berechtigung die beiden Methoden
haben, welche Kräfte für sie bestimmend sind. Bei der grammatischen liegt die Berechtigung und die treibende Kraft auf der
Hand, es ist das die Sprache. Aber wodurch rechtfertigt sich
die Abweichung von dem nach den Regeln der Sprachlehre
gewonnenen Sinn? Insbesondere wodurch die Entscheidung der
außerrechtlichen Fälle aus dem bestehenden Rechte, wodurch die
Analogie? Die allgemeine Antwort lautet: durch die ratio des
Gesetzes, und wird, soferne es sich um die Analogie handelt,
dieser Begriff „ratio des Gesetzes" noch besonders präpariert.
Der Begriff nimmt einen sehr breiten Raum ein, einer seiner
Teile trägt allein das ganze Gebäude der Analogie. Während
gegenwärtig die Theorie sich bei seiner Anwendung doch
noch gewisse Schranken aufzuerlegen sucht, bedient sich seiner
die praktische Jurisprudenz beinahe ganz uneingeschränkt zur
Begründung der „logischen" Interpretation. So oft hier ein Ab-
weichen vom Wortlaute des Gesetzes. stattfinden soll, beruft man
sich zur Rechtfertigung auf die „ratio" des Gesetzes. So kann man
den Begriff „ratio" des Gesetzes als Korrelat der „logischen"

---

[26] Z. B. Thöl Einl. in das d. Privatrecht § 59 Anm. 2.

Interpretation ansehen,[27] wenn auch mit einer gewissen Reserve.
Daher ist auch der Begriff „ratio des Gesetzes" ebenso allgemein und unbestimmt wie jener der „logischen" Interpretation.
Charakteristisch ist hiefür der Umstand, daß seine deutsche
Übersetzung „Grund" des Gesetzes sich nicht recht einbürgert,
eben weil sie Prägnanteres und Bestimmteres bezeichnet, als
der vieldeutige lateinische Ausdruck „ratio", weil sie namentlich
schon zu stark auf die Richtung der geschichtlichen Ursachen des
Gesetzes hindeutet, während im Rahmen des lateinischen Ausdrucks verschiedenartigste Erwägungen Platz finden können.
Die Auslegungslehre unterscheidet selbst mehrere Bedeutungen
des Gesetzesgrunds, vor allem (nach einer den historischen
Disziplinen entnommen Unterscheidung) den äußeren Anlaß des
Gesetzes (occasio legis) von einer tieferen Ursache, dem legis-
lativ-politischen Grunde (ratio legis genannt). In der Geschichts-
wissenschaft, welche die Darstellung der empirischen Wirklichkeit zum Gegenstande hat,[28] ist die Zweiteilung: Anlaß und Ursache eine erschöpfende, sie bedeckt das ganze Gebiet der Vorgänge, welche zu einem Geschehnisse kausal führten. Alle diese
Vorgänge sind Ursachen oder Anlässe, es gibt kein Drittes, ja
es ist, so lange man sich an des Wirkliche hält, nicht recht denkbar. Es ist bezeichnend für den teleologischen Charakter der
Rechtswissenschaft (trotz ihrer angeblich rein positiven Richtung),
daß sie noch eine dritte Art des Gesetzesgrunds kennt und
daß gerade auf diese dritte Art der volle Nachdruck gelegt
wird, während den beiden vorerwähnten nur ein sekundärer
Wert beigemessen wird. Diese dritte Art ist es bloß, welche
die Erklärung und den Träger der Analogie bilden soll, der
Anlaß des Gesetzes, ebenso wie seine legislativ-politische Ursache ist für die Zwecke der Analogie nach übereinstimmender
Lehre unbrauchbar.[29] Diese dritte Art des Gesetzesgrunds, ratio
juris genannt, ist jene (in dem gesamten Material der gelten-
den Rechtsregeln nicht schon enthaltene und daher erst vom
Juristen aufzufindende, daher sogen.) höhere Rechtsregel
(principium generale), jenes höhere Prinzip, von welchem eine
oder mehrere der vorhandenen Rechtsregeln nur Ausflüsse, nur
logisch deduzierbare Konsequenzen bilden.

Die Rechtslehrer versichern, daß man aus vorhandenen
Rechtsregeln mit wissenschaftlicher Exaktheit jene nicht
vorfindliche Urregel durch logisches Verfahren der In-
duktion und Abstraktion aufdecken und sodann ebenso auf dem
logischen Wege der Deduktion einfach durch Ziehung aller
Konsequenzen nicht bloß zu den gesetzlichen Regeln zurück-

---

[27] Wie dies auch die ältere Theorie definiert: z. B. ☙. Eckhart Her-
meneutica juris sagt (§ XXXIII) Dialectica (-logische) interpretatio
in eruenda legis ratione versatur.

[28] Anders in der Philosophie der Geschichte.

[29] Unger System § 10, ebenso Thöl Einl. in das d. Privatrecht.

gelangen, sondern auch eine Menge anderer gleichwertiger Regeln gewinnen kann.[30] Dieses Verfahren verliere während seines ganzen Verlaufs weder den streng logischen, noch den exakt wissenschaftlichen Charakter und sind daher die neu gefundenen Regeln ebenso positives (vom Gesetzgeber gewolltes) Recht, wie die gesetzlichen Regeln selbst. So könne man daher, ohne den Boden des positiven Rechts zu verlassen, sie zur Verstopfung der Lücken im Recht verwenden, so erkläre sich die Analogie.[31] Allerdings muß man sofort fragen, worin besteht denn der so scharf betonte Unterschied der Analogie von der ausdehnenden Auslegung, wenn auch die erstere bloß das vom Gezetzgeber Gewollte zum Vorschein bringt und auch die letztere in den Worten des Gesetzgebers ihre Deckung nicht findet? Ich habe die Verwirrung in dieser Beziehung schon oben betont und auch das Zugeständnis derselben hervorgehoben, das Pfaff-Hoffmann nach eingehender Untersuchung in dieser Beziehung abgibt. Aber er zieht daraus keine Konsequenzen gegen die Lehre von der ratio juris[32] und die gangbare Auslegungstheorie, denn auch er operiert bei seiner Darstellung der Auslegungstätigkeit noch immer nur mit den Mitteln der scholastisch-konstruktiven Logik[33] und bei Anwendung dieser ist

[30] Vgl. Thöl Einl. in das deutsche Privatrecht § 55. Nach ihm besteht die Aufgabe der Rechtswissenschaft darin, die fehlenden Rechtssätze zu finden, und zwar wird nach ihm durch Abstraktion das Prinzip gefunden, dessen Ausfluß die Rechtssätze sind, und umgekehrt kann durch Deduktion (Ziehung von Konsequenzen) dieses Prinzip — wie überhaupt jeder Rechtssatz — zerkleinert (detailliert) werden, wodurch die Wissenschaft vorweg liefert, was das richterliche Urteil vorkommendenfalls liefert: Anwendung des Rechtssatzes. Sodann (§ 64) definiert er die Analogie als „Findung und Anwendung eines Prinzips". „Die Anwendung", welche man analoge Anwendung eines Rechtssatzes nennt, ist also logische Konsequenz aus dem Prinzipe dieses Rechtsatzes, das reine Verhältnis von Grund und Folge.

[31] Unger (System) vertraut so auf diese Methode, daß er anläßlich der Besprechung des § 7 bGb. und des Naturrechts rundweg erklärt; „Niemals kann sich ein Fall ereignen, in welchem zum Naturrecht rekurriert werden müßte. Denn die Rechtsanalogie ist vollkommen ausreichend um jeden sich ergebenden Fall im Geiste des bestehenden Rechts zu lösen." Es frappiert um so mehr, schon in den nächsten Kapiteln (Seite 159) seine eigene Konstatierung wahrzunehmen, daß in Fragen des internationalen Privatrechts das bürgerliche Gesetzbuch nicht zureicht; „es bleibt eine Anzahl der wichtigsten Fragen übrig, deren Lösung nicht einmal angedeutet ist". „Es muß daher gestattet sein, die Lösung in der Weise zu treffen, wie sie die für richtig anerkannte Theorie des internationalen Rechts gibt." Aber die Kriterien der Richtigkeit bleiben trotz der Erklärungsversuche geschuldet.

[32] Pfaff-Hoffmann definiert selbst „ratio juris" als „den von den Zufälligkeiten seiner historischen Entstehung gereinigten Rechtssatz".

[33] Die Darstellung dieses Punkts bleibt dem III. Abschnitte vorbehalten. Diese Logik betrachtet die Begriffe als fest umgrenzte, räumliche Gebilde (wie geometrische Figuren) und gelangt notwendig zur Vorstellung der Lücken im Rechte, die durch außerordentliche Mittel ausgefüllt werden müssen.

die Lehre von der ratio juris ein unumgänglicher Notbehelf zur
Begründung der Analogie, ungeachtet des innern Widerspruchs,
den sie in die Jurisprudenz hineinbringt und der bei Zusammenhalt nachstehender drei Kardinalsätze in die Augen springt:

1. Alles Recht ist positiv (wurzelt in dem Willen des Gesetzgebers). Die Jurisprudenz ermittelt nur positives Recht.

2. Es gibt Lücken im positiven Rechte (im gesetzgeberischen Willen).

3. Auch bei Lücken tritt keine Rechtlosigkeit, vielmehr
eine Ergänzung ein, die gleichfalls positiv ist.“

Ich begnüge mich hier mit dem Hinweise auf diesen un-
gelösten Widerspruch und werde — um nicht alles Später-
folgende antizipieren zu müßen — die Richtigkeit der der ratio
juris zugeschriebenen Funktion (die Analogie streng logisch zu
begründen) nicht weiter anfechten. Ich will nur ein Beispiel für
das Gegenteil geben, und zwar wähle ich gerade dasselbe, an
welchem U n g e r (System § 10 Anm. 21) die Funktion der ratio
juris demonstriert:

§ 1109 bGb. normiert die Pflicht des Bestandnehmers,
die Bestandsache zurückzugeben, und schließt: „Weder die Ein-
wendung des Kompensationsrechts, noch selbst des früheren
Eigentumsrechts kann ihn vor der Zurückstellung schützen.“
U n g e r sagt nun: das Prinzip (ratio juris), das dem letzten Satze
zu Grunde liegt, bestehe darin, daß die bona fides fordere, daß
Verträge erfüllt werden und daß quod bonae fidei est ad per-
fidiam non est trahendum. Folglich sei der letzte Satz
§ 1109 bGb. auch außerhalb der Bestandverträge in allen
Fällen, wo es sich um vertragsmäßige Pflicht zur Rückgabe individueller Sachen handelt, analogisch anzuwenden.

Das bGb. kennt aber das Institut der Kompensation. Dasselbe hat aber bekanntlich auch sein „höheres Prinzip“, seine
„ratio juris“, welche anerkanntermaßen dahin geht: „dolo facit
qui petit quod redditurus est“. Kann nun nicht in jenen von
U n g e r bezogenen, im Gesetze nicht geregelten Fällen mit derselben logischen Berechtigung statt der ratio des § 1109 jene
des Instituts der Kompensation herangezogen werden? Die Entscheidung würde entgegengesetzt ausfallen, aber der von

---

²⁴ M e n g e r trachtet in seiner selbständig durchdachten Theorie der
Auslegung (System des österr. Zivilprozesses § 8) den Widerspruch dadurch
zu lösen, daß er die Auslegung in historische (philologische) und praktische
einteilt, nur die erstere als Ermittlung desjenigen darstellt, was der Gesetzgeber in einer Gesetzesstelle gesagt hat und was er hat sagen wollen,
die zweite aber darüber hinaus als Ermittlung desjenigen Willens bezeichnet,
den der Gesetzgeber haben würde, wenn er einen Fall regeln wollte, als
die Beantwortung der Frage: was hätte der Gesetzgeber in dem Gesetze
sagen sollen? So richtig die Unterscheidung der praktischen und historischen
Auslegung ist, so unzweifelhaft ist es, daß man, wenn man mit der Stellung
und Beantwortung der letzterwähnten Frage den Boden positiver Rechts-
auffassung verlassen hat.

Unger bezeichnete logische Weg bliebe genau derselbe. Ich will hier keineswegs die Richtigkeit der von Unger gefällten Entscheidung bestreiten, wohl aber den Schein streng logischer Konsequenz, mit dem sie sich umgibt.

Wir sehen an diesem Beispiele, daß nicht der angerufene Begriff der „ratio juris" diejenige Kraft war, welche die Wagschale des Urteils auf einer Seite zum Sinken brachte.

Die ratio juris ist hier und anderswo nur eine Form, welche das offenbar von ganz anderen Motiven und Impulsen getriebene juristische Denken zur scheinbaren Begründung anwendet, sie ist nicht Grund der analogischen Anwendung eines Rechtssatzes, sondern nur ein eben durch seine Unbestimmtheit (Elastizität) leicht zu handhabendes Werkzeug der logischen Scheinbegründung, ein Mittel, dessen Anwendung es oft erspart, die wirklichen Gründe dieser oder jener Rechtsüberzeugung aus dem Verborgenen herauszuholen.

Außer der offiziellen Erklärung der Analogie durch die ratio juris gibt man gelegentlich auch andere Begründungen, als z. B. die organische (!) Natur des Rechts, die innere Konsequenz, welche nicht immer eine logische, sondern zugleich eine organische ist,[35] weil das Recht als ein organisches Gefüge innerlich zusammenhängender, mit frischer Triebkraft versehener Glieder aus sich selbst die Kraft hat, sich zu einem abgerundeten vollständigen Ganzen herauszubilden, und daher aus sich ergänzt werden muß.[36]

Diese nur an die Phantasie sich richtenden bildlichen Erklärungen können niemanden befriedigen, seitdem man erkannte, daß die organische (biologische) Methode in den Sozialwissenschaften, welche auf der Vergleichung des Rechts, der Sprache, der Gesellschaft u. s. w. mit tierischen oder pflanzlichen Organismen beruht, nur eine Reihe von Gleichnissen ist, die zur anschaulichen Darstellung zwar sehr geeignet sein können, aber an sich nicht viel erklären. (Bloße Darstellungs- nicht Forschungsmethode.)

In der Unvermögenheit, das Problem der Analogie zu erklären, in den Widersprüchen, welche sich an die Erklärungsversuche knüpfen, treten die Mängel der gangbaren Auslegungstheorie am krassesten hervor. Sie verleugnen sich aber auch

---

[35] Savigny System des h. röm. Rechts § 46.
[36] Unger System § 10.

auf anderen Gebieten nicht (wo sie andere Formen annehmen),
denn sie haben allgemeine Gründe. Der Hauptgrund liegt
in der schon oben angedeuteten Unzulänglichkeit der ver-
alteten logischen Hilfsmittel, mit denen die Auslegungstheorie operiert: sie sind unfähig, alle Erscheinungen der (um
gleichfalls bildlich zu reden) vom frischen Zuge des Lebens
umwehten, mit voller geistigen Freiheit geübten Praxis zu umfassen. Aus diesem Widerspruche mit dem Leben zieht sich
die Auslegungstheorie — dieser Hauptversuch, sich der Eigentümlichkeiten des juristischen Denkens bewußt zu werden —
verstümmelt und diskreditiert zurück. Keiner juristischen Wissenschaft Name ist so verschollen wie der juristischen Hermeneutik.
Keiner Regel begegnet man mit solchem Mißtrauen als einer
Auslegungsregel.

6. Notwendigkeit einer Theorie des juristischen Denkens.

Ein Ausdruck dieses herrschenden Mißtrauens ist es, wenn
Pfaff-Hoffmann an die Spitze der äußerst gründlichen und
viele helle Streiflichter werfenden Untersuchung über die Auslegung[37] den Satz stellen (der gelegentlich schon früher vor-
kam,[38] „Gesetzesauslegung ist Kunst, nicht Kunde; nicht ein
Wissen, sondern Können, sie ist nicht erlernbar". In der Folge
werfen Pfaff-Hoffmann auch fast alle Interpretationsregeln
wirklich über Bord.

Dieser Ausspruch bedeutet die Resignation der Jurisprudenz — dieser Wissenschaft der Gesetzmäßigkeit κατ' ἐξοχήν
— in diejenigen Gesetze einzudringen, denen sie selbst unterworfen ist. Dieser Ausspruch bedeutet aber auch — soll
er wirklich so genommen werden, wie er geschrieben ist — die
Preisgebung des wissenschaftlichen Charakters der
Jurisprudenz, woran diejenigen, die den Satz lehren, wohl
nicht dachten.

Man braucht sich bloß zu vergegenwärtigen, was man
unter Auslegung versteht: die geistige Aufnahme des Gesetzes-
textes, die Rekonstruktion des Gedankens hinter den Worten
des Gesetzgebers, also die gesamte geistige Tätigkeit, die auf
die im Gesetze aneinander gereihten Worte angewendet wird,
ohne welche das Gesetz eine sinnlose Masse von unzusammen-
hängenden Worten wäre, etwa wie ein Kantsches Buch für
ein Kind. Dieser gesamte Gedankenaufwand also, der darauf
hinzielt, in dem äußerlichen Chaos der Worte eine geordnete
Welt von Begriffen zu finden, soll ganz frei und zügellos sein,
wie die Kunst des Dichters! (An die Regeln der Ästhetik denken

---

[37] Kommentar zum allg. bGb., und zwar zu §§ 6 und 7.
[38] Savigny System § 32.

Pfaff-Hoffmann in ihrem Ausspruch nicht.) Keine Regeln beherrschen diese frei formende intuitive Tätigkeit, der juristische Takt ist der einzige Wegweiser dem Juristen, wie die Phantasie dem Maler, aber er selbst ist nicht erklärbar, seine Resultate sind an keinem objektiven Maßstab kontrollierbar und ebenso unvoraussehbar, wie etwa künftige Dichtungen über ein gegebenes Sujet. Ist es denn so gemeint, wo bleibt die Jurisprudenz als Erkenntnis der Wahrheit, als Wissenschaft?

Wie käme es aber, daß sie doch als solche existiert, daß sie die Ergebnisse der Auslegung, die Urteile, die Meinungen, Lehren nach ihrer Richtigkeit, d. i. Wahrheit wertet, daß trotz Differenzen im einzelnen der Gang der Gerichtspraxis und Wissenschaft im großen und ganzen eine bestimmte Richtung einschlägt?

Wie käme es, daß eine Gesetzgebung überhaupt möglich ist?

Wäre wirklich jede Auslegung bloß eine künstlerische Tätigkeit, so könnte die Aufnahme und Wirkung eines Gesetzes niemals auch nur ungefähr vorausgesehen werden, es wäre ein blindes Jagen und Treiben. Und so richtig dies auch im einzelnen sein mag, so stellt doch die Tatsache, daß eine gesetzgeberische Tätigkeit besteht und möglich ist, den Beweis her, daß die geistige Aufnahme der Gesetze wenigstens in Bezug auf ihre ersten und allgemeinsten Wirkungen berechenbar ist. Es unterliegt keinem Zweifel: Der Satz, der die Auslegung als eine bloß künstlerische Tätigkeit hinstellt, schießt weit übers Ziel hinaus und ist nur als Rückschlag gegen die bisherige rationalistische Methode, die Interpretationsregeln ganz auf der Oberfläche der juristischen Erscheinungen zu suchen, erklärlich.

Die Auslegung, das juristische Denken überhaupt, unterliegt wie jedes Geschehen seinen Gesetzen, besitzt seine ständigen Regelmäßigkeiten, die zugleich seine Eigentümlichkeiten sind. Ob diese Gesetze als juristische (als welche sie bisher angesehen werden) oder als Naturgesetze aufzufassen sind, ob sie bloß logisch oder auch psychologisch sind, ist nebensächlich, ebenso wie die Frage, ob die Jurisprudenz in Hinkunft es in den Kreis ihrer Aufgaben ziehen wird, diese Gesetze zu erforschen. Denn die Erkenntnis dieser Regelmäßigkeiten und Eigentümlichkeiten muß, wenn nicht als eine Lehre der Jurisprudenz, so doch als eine Lehre von der Jurisprudenz ihren Platz unter unseren wissenschaftlichen Interessen behaupten.

Die Methode der Forschung muß aber immer eine positivistische sein, d. h., sie muß die wirkliche Anwendung der Gesetze, wie sie in der Gerichtspraxis und sonst leibt und lebt, sowie ihr Verhältnis zu dem formulierten Rechte studieren, nicht aber von vorherein aus irgend einer offenen oder verborgenen Affektsquelle Vorschriften für das juristische Denken

schaffen, nach welchen es sich zu richten habe. Allerdings
bleibt die Findung solcher Regeln, die als Prüfstein der Richtigkeit einzelner Resultate des juristischen Denkens dienen könnten,
ein Ziel der Auslegungslehre, aber es ist das letzte, nie ganz
zu erreichende Ziel, an welches man erst dann denken wird,
wenn durch positivistische Arbeit genügend Material zur Kenntnis der Eigentümlichkeiten des juristischen Denkens herbei-
geschafft werden wird.

III. Umfang des juristischen Denkens, insbesondere sein Verhältnis zur „Auslegung".

1. Prinzipielle Grenzbestimmung.

Da die Rechtsnormen bis zu einem gewissen Grade Naturgesetze der sozialen Entwicklung sind,[1] so muß notwendig ihre Erkenntnis mit der Erkenntnis der das menschliche Handeln und Denken regierenden Naturgesetze zusammenhängen. Ob es aber letztere gibt, ist eine die menschlichen Gehirne in verschiedenen Formen seit Jahrtausenden beschäftigende Frage. Gelänge es, die Kausalität auch in das menschliche Handeln als herrschendes Prinzip schlechtweg einzuführen, so wäre damit der Begriff der Freiheit (d. i. der Fähigkeit des Menschen, durch spontane Willensakte selbst erste Ursache neuer Kausalreihen zu werden) aufgehoben. Es besteht ein uralter Kampf der beiden Weltauffassungen: der Freiheit und Kausalität, von welchem ein Ausläufer der bekannte Kampf der Deterministen und Indeterministen in der Kriminologie ist. Bisher hat in diesem Kampfe der Begriff der Freiheit ständig an Terrain verloren.[2]

Seit der durch H e g e l geschaffenen Historiosophie haben verschiedene Wissenschaften (Kulturgeschichte, Statistik, Völkerpsychologie und Soziologie vor allem) einen mächtigen Anlauf genommen, die Gesetzmäßigkeit auch in das soziale Geschehen einzuführen: sie setzen sich als letztes Ziel vor, die Gesetze kennen zu lernen, denen die Menschheit auf ihrem Gange unterworfen ist. Aber dieses Ziel liegt noch in unabsehbarer Ferne. Soferne diese Bestrebungen darauf losgehen, die Gesetze des Naturgeschehens in unveränderter Gestalt auf das Geistesleben zu übertragen, müssen sie, um mit der Wirklichkeit nicht in Konflikt zu geraten, sich mit äußerst blassen Verallgemeine-

---

[1] Vgl. oben II. Abschnitt, 1. Kap.
[2] In der Zeit des Vorherrschens der mythologischen Denkweise wurde das ganze Naturgeschehen (jetzt die Hochburg der Kausalität) als Treiben freier Kräfte (Lebewesen) angesehen.

rungen (Abstraktionen) begnügen.[3] Wertvoll sind die Errungenschaften der soziologischen Wissenschaften, wenn sie sich die
besonderen Formen der kausalen Verknüpfung geistigen Ge-
schehens aneignen und mit Begriffen, wie: Zweck, Motiv, Voraussetzung, Schluß, Gewohnheit u. s. w. operieren. So scheint
der Erkenntnis der sozialen Gesetze nicht bloß die unendliche
Kompliziertheit der geistigen und sozialen Vorgänge, sondern
auch ein ganz besonderer Charakter [4] der sie beherrschenden
Gesetze hinderlich zu sein. Die aufkeimende Rechtserkenntnis,
welche der Hilfe anderer Sozialwissenschaften noch ganz ent-
behrte und sich andrerseits auch nicht mit vagen Verallgemeinerungen begnügen kann, sondern detaillierte, die menschlichen Handlungen bis ins einzelne bestimmende Normen benötigt, konnte sich nicht zum Ziele setzen, direkt aus den
zu regelnden Tatsachen die richtigen Rechtsregeln wissenschaftlich zu gewinnen, obwohl es sicher ist, daß in Wirklichkeit (wenigstens bis zu einem hohen Grade) die Rechtsregeln
ebenso den Tatsachen, auf die sie sich beziehen, innewohnen,
wie etwa die Bewegungsgesetze den Körpern,[5] und nicht ein
ihnen von außen angelegter Zaum sind.

Wo man dies zu tun doch versuchte (z. B. alle natur-
rechtliche Schulen), verirrte man sich sofort im Labyrinthe:
die gewonnenen Lehr- und Rechtssätze konnten die Probe der
Wirklichkeit nicht bestehen, die Wirklichkeit bewies dadurch,
daß sie mit den Ergebnissen d i e s e s juristischen Denkens
dauernd nicht übereinstimmte, seine Fehlerhaftigkeit. Um mit
der Wirklichkeit die Fühlung zu behalten, war das juristische
Denken von vornherein darauf angewiesen, eine Selbstbeschrän-

---

[3] Vgl. z. B. S p e n c e r s Lehrsätze über die Phänomene der Diffe-
rentiation und Integration, die er gleichmäßig im kosmischen, organischen
und sozialen Geschehen findet, oder S c h ä f f l e s unfruchtbare Metaphern
des organischen auf das soziale Leben (Bau und Leben des sozialen
Körpers).

[4] So hebt z. B. so schlagend W u n d t hervor, daß das Prinzip der
Unvermehrbarkeit des Stoffs oder Energie (Konstanz) auf geistiges Geschehen keine Anwendung findet. Schon ein einfacher Satz ist m e h r a l s
d i e S u m m e d e r i h n b i l d e n d e n W o r t e. Hier gilt vielmehr das Prinzip
der Entwicklung.

[5] Ich kann diesen Satz nicht ohne Belege lassen. Vgl. die Ausführungen U n g e r s (System § 10 i. f.) über die sogenannte „positive
Natur der Sache": „. . . . muß man . . . die Rechtsregel aufdecken und
zum wissenschaftlichen Bewußtsein bringen, welche mit den Rechtsver-
hältnissen zugleich gesetzt, in ihnen mit ihrem Entstehen zugleich gegeben
ist und sie ebenso sicher beherrscht, wie das Naturgesetz die einzelne Erscheinung." T h ö l (Handelsrecht § 15 und Einl. in d. d. PrivR § 57) sagt: „Ähnlich
findet die Wissenschaft Rechtsätze aus faktischen Grundlagen, aus der
Natur der Sache, der Verhältnisse, der Institute, des Tatbestands, also
aus dem Faktischen. Zu diesem Faktischen gehört insbesondere der Wille
und der Zweck und das Verfahren der Interessenten. Nicht der besondere
Wille (Zweck, Verfahren) einzelner, sondern der allgemeine Wille der Gesamtheit, der eben das ausmacht, was die Natur der Sache mit sich bringt."
Ähnlich D e r n b u r g Pandekten § 38.

kung zu üben, eine Selbstverstümmelung möchte ich sagen: es beschränkte nominell seine Tätigkeit auf Anwendung gewisser **schon formulierter** (in Worte gebrachter [Recht-]) Sätze. Die Findung und Setzung der Formulierungen aber wurde vom juristischen Denken abgestoßen [6] als **nicht zur Wissenschaft** oder wenigstens nicht zur **Rechtswissenschaft** gehörig. Sie wurde an das Volk (Gewohnheitsrecht) und den organisierten Staat abgetreten. Kein Jurist [7] nimmt daran Anstoß, daß juristisch ganz ungebildete Leute (z. B. in Vertretungskörpern) Rechtsätze schaffen und umstoßen. Zwar weiß man, daß der Staat — der doch selbst der Rechtsidee einen großen Teil seiner Kraft verdankt — das formulierte Recht nicht willkürlich gibt, sondern es den tatsächlichen Verhältnissen der gesellschaftlichen Machtlagerung nur durch Beobachtung und logische Verarbeitung entnimmt, **aber auf dieses Gebiet folgt ihm** die Jurisprudenz nicht, es wird teils anderen Wissenschaften, teils der Politik und Intuition des Gesetzgebers reserviert. Dem Juristen wird die formulierte Rechtsnorm als Prämisse, auf die er seine Tätigkeit erst aufbaut, geschaffen.

Dieser Vorgang zog schwerwiegende Folgen für das Recht und seine Erkennung nach sich. Das Recht verlor seinen Charakter eines tief im sozialen Leben begründeten Phänomens, es sank zum bloßen Gebote herab. Es wurde ihm — vom Staate — so vieles unterschoben, was nicht mit Rechtsbewußtsein durchtränkt ist und nur einen fiskalischen oder administrativen Charakter hat. [8] Auch die Jurisprudenz stieg von der stolzen Höhe herab, auf die sie noch **Ulpians** Definition verweist: Jurisprudentia est divinarum atque humanarum rerum notitia, justi atque injusti scientia. Sie büßte ihre Selbständigkeit ein, sie zerfiel in so viele Teile, als es Staaten auf der Erdoberfläche gibt, sie ist (nominell!) keine Sozialwissenschaft mehr, sondern eine Wissenschaft des Gehorsams, des Befehlebefolgens. Der Jurist ist ein Gehorsamskünstler geworden, einer, der die feinsten Willensregungen des Gesetzgebers zu erkennen und zu befolgen versteht. Ob er **nur** dieses ist, werden wir zu prüfen haben.

---

[6] Ich ersuche, diese Darstellung nicht etwa als eine historische anzusehen. Nicht das Moment der zeitlichen Aufeinanderfolge, sondern dasjenige der sozialen Begründung ist es, das ich hier hervorheben will. Und zwar wird hier nur **eine** Seite des geschilderten Vorgangs berührt: nämlich die Unzulänglichkeit der juristischen Erkenntnismittel. Auf Seiten des Staats bestehen andere, noch mächtiger wirkende Gründe, sich der Rechtsidee zu bemächtigen, um seinen Geboten die psychologische Kraft der Rechtsidee hinzufügen zu können.

[7] Wohl aber manchmal Laien, die mit jener Selbstbeschränkung der Jurisprudenz nicht so vertraut sind. Deshalb hebe ich im Texte so manches — für Juristen — Selbstverständliche hervor.

[8] Ist z. B. die Vorschrift, daß man beim Passieren einer Zollinie eine Abgabe von bestimmter Höhe zu entrichten hat, ein ebensolcher **Rechtsatz**, wie, daß man eine geliehene Sache zurückzustellen hat?

Als Kompensation aller dieser Einbußen erhält das juristische Denken praktische Prämissen und höhere Durchschlagskraft, kurzum die Sicherheit in beiden unter I 2 B angegebenen Beziehungen.

Eine Korrektur obiger Grenzbestimmung muß ich aber schon hier vornehmen:

Nicht alles, was jenseits der bloßen Anwendung formulierter Rechtssätze liegt, ist dem juristischen Denken fremd. Beizuzählen der Jurisprudenz ist die gesetzgeberische Technik, jene Hilfswissenschaft der Gesetzgebung, welche die Wollungen des Gesetzgebers in entsprechende Form gießt und so der eigentlichen Rechtsanwendung vorarbeitet. Tatsächlich sehen wir immer Juristen bei Schaffung eines Gesetzes in dieser Richtung wirken. Abgesehen von der gesetzgeberischen Technik nimmt das juristische Denken an der Findung des Rechts direkt aus den zu regelnden Tatsachen nicht teil, sondern beschränkt sich (im Prinzip) auf die richtige Subsumierung der Tatsachen unter das formulierte Recht. Die Erforschung der Tatsachen ist infolgedessen gleichfalls aus dem juristischen Denken (immer prinzipiell!) ausgeschieden, sie wird nicht als juristische Tätigkeit angesehen, sie ist eine unjuristische Vorarbeit.[9]

Die eigentliche juristische Tätigkeit besteht aber nach den bei den Juristen herrschenden Vorstellungen nur darin, aus den formulierten Rechtssätzen durch logische Operationen ein möglichst vollständiges und harmonisches Netz von Begriffen zu gewinnen und die zu entscheidenden Tatsachen unter dieses Begriffsnetz richtig zu stellen (zu subsumieren). Man erhalte hiedurch einen Syllogismus, dessen Obersatz die entsprechende Gesetzesregel ist, Untersatz — der über die Tatsachen aussagende Satz. Der Schluß ist das Urteil.[10] Die zu überwindende Hauptschwierigkeit liege aber in der Vielheit und Vielgestaltigkeit (und nur in Fällen der Analogie in der Mangelhaftigkeit) der Rechtssätze. Den Weg zur Überwindung dieses Hindernisses bildet die richtige Auslegung des den formulierten Rechtssätzen zu Grunde liegenden gesetzgeberischen Willens.

---

[9] Beweis dieser Auffassung die in einzelnen Prozeßinstitutionen zum Ausdruck gebrachten Versuche, die Tatbestandfrage von der Rechtsfrage (quid juris – quid facti) ganz zu scheiden und die Lösung der Frage „quid facti" Laien anzuvertrauen.

[10] Unger System § 1 Anm. 4. Alles Urteil besteht in der Subsumtion einer konkreten Rechtsbeziehung unter eine bestimmte Rechtsregel. Dr. Karl Gareis Enzyklopädie und Methodologie der Rechtswissenschaft § 2 S. 4: „Schon das Denken des Kindes ist nichts anderes als ein Einrollen und Unterordnen jeder Einzelerscheinung unter einen der wenigen ihm gewordenen Begriffe und dasselbe tut . . . der Jurist, der irgend einen Tatbestand als Mord oder als Mietvertrag definiert. So ist alles Denken Subsumieren und der oberste Gedanke die Subsumtion alles Denkbaren unter das Absolute."

2. Einige positive Erscheinungen in Bezug auf den Umfang des juristischen Denkens.

Wie verhält es sich nun in Wirklichkeit zu obiger prinzipiellen Abgrenzung?

Wir haben eine Kategorie von Gerichten, die sich mit der Ermittlung von Tatsachen nicht mehr zu befassen hat. Es sind das die Gerichte, welche in dritter Instanz urteilen. Im österreichischen Zivilprozesse z. B. hat der Oberste Gerichtshof die von den beiden unteren Instanzen festgestellten (nicht offenbar aktenwidrigen) Tatsachen auch seiner Entscheidung zu Grunde zu legen und seine eigene Tätigkeit nur zur Sanierung gewisser formeller Mängel des Verfahrens und zur juristischen Überprüfung der Urteile zu setzen. Nach Ausscheidung der Fälle ersterer Art (sie sind leicht erkennbar) bleiben nur solche Urteile übrig, in welchen sich der Oberste Gerichtshof ausschließlich mit der Überprüfung des juristischen Denkens unterer Instanzen beschäftigt, demnach — in Konsequenz des im vorigen Kapitel dargelegten Prinzips — mit der Auslegung der Rechtssätze, mit der Rekonstruktion des gesetzgeberischen Willens (allenfalls noch mit Analogie).

Hiebei kann man schon durch den Umstand nachdenklich gemacht werden, daß das Gesetz, indem es diese Funktion des Obersten Gerichtshofs umgrenzt, sich nicht der technischen Ausdrücke der Theorie (wie etwa „die Auslegung", die „Rechtsentwicklung", „Analogie") bedient (§ 503 Z. 4 Zivilprozeßordnung), sondern den offenbar bedeutend weniger prägnanten Ausdruck „rechtliche Beurteilung" gebraucht, offenbar im Gefühle der zu engen Bedeutung jener termini technici.

Noch nachdenklicher wird man, wenn man einen prüfenden Blick in eine Sammlung der oberstgerichtlichen Entscheidungen selbst wirft. Bloß ein Teil derselben geht darauf aus, den Sinn einer Gesetzesstelle (Gewohnheitsrecht gilt in Sachen des allgemeinen Privatrechts bekanntlich nicht) durch historische Forschung, systematische Verknüpfung, sprachliche Untersuchung und sonstige zur Rekonstruktion des gesetzgeberischen Willens geeignete Mittel zu eruieren, der andere große Teil der Urteile und ihrer Begründungen schlägt ganz andere Denkrichtungen ein. Um nur das Grenzgebiet zu bezeichnen, bis zu welchem die Denkoperationen der oberstgerichtlichen Urteile hineinragen, erwähne ich: Der Oberste Gerichtshof scheut sich sehr oft, ja in der Regel nicht, ganz selbständig auszusprechen, daß jemand von einem beachtlichen Umstande „wissen mußte", offenbar Kenntnis hatte, daß sein Besitz unredlich war, „daß er im bösen Glauben war", daß er durch dieses oder jenes Vorgehen ein Verschulden beging, daß sein Vorgehen als eigenmächtig oder dolos anzusehen, wider Treu und Glauben ist, daß die offenbare Parteiabsicht beim Vertrage so und so war, u. s. w., u. s. w.

Unsere im vorigen Kapitel gegebene prinzipielle Abgrenzung läßt uns da vollkommen im Stich.

Denn die Kenntnis oder das Nichtwissen eines Umstands, das Unterlassen einer bestimmten Anspannung der Aufmerksamkeit (= Verschulden), die Redlichkeit oder Unredlichkeit (eine Species des Wissens respektive Nichtwissens), der „dolus", die Parteiabsicht u. s. w., das sind doch alles lauter Tatsachen, psychische (innere), aber nichtdestoweniger reine Tatsachen (vgl. oben Thöl in Anm. 5), ihre Feststellung ist doch keine „Rekonstruktion des gesetzgeberischen Willens", keine Auslegung. Überschreitet denn der Oberste Gerichtshof systematisch seine gesetzlichen Befugnisse, wenn er sich mit selbständiger Feststellung dieser Tatsachen befaßt, oder gehört am Ende diese auch zur „rechtlichen Beurteilung", zum juristischen Denken? Im Strafrechte wird die Tatsachennatur obiger Erscheinungen viel strenger gewahrt; sind denn die Grenzen des juristischen Denkens schwankend? Ist denn die Grenze zwischen dem Tatsächlichen und dem Rechte, zwischen dem zu Subsumierenden und demjenigen, worunter subsumiert werden soll, irgendwo verwischt?

Daß dies der Fall ist, macht sich bei einem anderen Institute in der Praxis auch sehr fühlbar: bei dem Beweise durch Sachverständige. Wer damit je zu tun gehabt hat, der weiß, wie unendlich schwer, ja unmöglich es ist, die Funktionen des Sachverständigen von jenen des Richters auseinander zu halten, wie eng die beiden Gebiete des Seins und Sollens verwebt sind. Wenn ein Sachverständiger über die Mängel einer technischen Anlage, z. B. einer Sicherheitsvorkehrung, gefragt wird, wird sich immer sein Gutachten darauf beziehen, wie die Anlage eigentlich beschaffen zu sein hätte, und ist in diesem „hätte" das Moment der technischen Zweckmäßigkeit mit jenem irgendeines sozialen Sollens ununterscheidbar vermengt. Daher die so zahlreichen Kontroversen im Prozesse, ob der Sachverständige nicht ins Juristische hinübergegriffen hat.

Jedenfalls scheinen diese Beobachtungen auf das eine hinzuweisen, daß sich das juristische Denken keineswegs in der Ermittlung des Willens des Gesetzgebers erschöpft.

3. Logischer Exkurs.

Es wurde bereits angedeutet, daß verschiedenartige Mängel der über das juristische Denken herrschenden Ansichten damit zusammenhängen, daß nur mit den Instrumenten der älteren, scholastischen Logik operiert wird. Hier mögen die hauptsächlichen Gesichtspunkte in dieser Beziehung aufgerollt werden.

Die ältere Logik entsprang hauptsächlich der Betrachtung der spekulativen Wissenschaften (im Gegensatze zu Erfahrungswissenschaften), deren entscheidende Merkmale sind:

1. daß sie ihren Stoff nicht aus Erfahrung nehmen, sondern sich ihn entweder durch gedankliche Tätigkeit selbst schaffen, oder wenigstens in einer durch weitestgehende Abstraktion auf einfachste Komponenten zurückgeführten Form annehmen und behandeln, so daß infolgedessen

2. für diese Wissenschaften alle Vorstellungen und Begriffe (mit denen sie arbeiten) nach allen in Betracht kommenden Eigenschaften (in der Mathematik z. B. überhaupt nach allen Eigenschaften) genau bestimmt sind und überhaupt alles Unbestimmte, Störende nicht in Betracht kommt.[11]

Der Stoff dieser Wissenschaften ist daher einfachster Natur.[12] Daraus ergibt sich die vollkommene Genauigkeit und präzise Übereinstimmung des mathematischen Denkens. Die Begriffe, mit welchen die Mathematik (von der höchsten abgesehen) arbeitet, sind bis in die äußersten Details — soweit solche in Betracht kommen — genau ausgeprägt. Mag es in Wirklichkeit noch so viele Formen geben, von denen man nicht sagen könnte, ob es Kreise, Ellipsen oder unregelmäßige Linien sind, für den Mathematiker existieren derlei zweifelhafte Übergangsformen nicht: sie werden als reine Kreise, reine Ellipsen gedacht. In der Mathematik sondert sich jeder Begriff scharf und schneidend von allen verwandten ab.

Die ältere Logik, welche hauptsächlich diese Verhältnisse ins Auge faßt, stellt sich alle menschlichen Begriffe wie die mathematischen als fest begrenzte Größen vor und pflegt sie auch mit Vorliebe graphisch in Form von geometrischen Figuren (Kreisen) darzustellen. Ihre Hauptaufgabe erblickte sie sodann

---

[11] So hat z. B. in Wirklichkeit jede, auch die feinst gezeichnete Linie nebst der Länge auch eine gewisse Dicke, aber der Mathematiker abstrahiert davon ganz, für ihn kommt nur eine einzige Dimension (die Länge) in Betracht.

[12] Dieser allen, welche sich mit Enzyklopädie der Wissenschaften oder Philosophie etwas beschäftigt haben, sehr geläufige Satz bedarf einer Erläuterung für die anderen, die von der Mathematik aus dem Gymnasium die Erinnerung als von einer äußerst komplizierten und schwierigen Wissenschaft davongetragen haben. Daß dies der Fall ist, liegt darin, daß der menschliche Geist selbst relativ einfachen Erscheinungen nur mit Anstrengung in allen ihren Relationen nachzufolgen in der Lage ist. Will man aber die relative Einfachheit des mathematischen Stoffs ermessen, so möge man zu irgend einer Erscheinung der nächst komplizierten Wissenschaft, z. B. der Physik, greifen. Das Ausschütten eines Glases Wasser ist sicher eine sehr einfache physikalische Begebenheit und doch gibt es keinen Mathematiker der Welt, der im Stande wäre, zu berechnen, wie und wo die einzelnen Tropfen fallen werden. Eine analytische Formel, welche die Gestalt eines wirklichen Gegenstands, z. B. die Physiognomie eines Menschen, darstellen würde, wäre an sich denkbar, aber der Versuch, sie zu entwerfen, würde sicher die Kunst der größten Mathematiker zu Schanden bringen. Noch komplizierter als die physikalischen (und chemischen) Erscheinungen sind die biologischen, am verwickeltsten und zusammengesetztesten die psychologischen und sozialen. Fügt man in obige Aufstellung noch die Astronomie (zwischen Mathematik und Physik) ein, so erhält man die bekannte Stufenleiter Comtes.

darin, nach dem Vorbilde geometrischer Raumverhältnisse verschiedene Schlußformen auszubilden, darunter den die Theorie
der Auslegung beherrschenden Subsumtionsschluß, dessen
Wesen darin liegt, daß man sich das Subjekt des Untersatzes
als in dem Subjekte des Obersatzes enthalten vorstellt und
sodann die Eigenschaften des letzteren Subjekts (in der
Jurisprudenz die vom Gesetze über das letztere Subjekt ge-
troffene Verfügung) auf das erstere überträgt (anwendet). Ja,
die Subsumtion bildete gerade das Leben der älteren Logik,
denn für sie war jeder Begriff seiner Natur nach ein vorgestelltes, durch Abstraktion (Eliminierung der individuellen
Eigenschaften einer Gruppe von Gegenständen) gewonnenes
Schema, in welches dann jeder neue Gegenstand dieser Art
hineinpaßt.

In dieser Weise hat die ältere Logik ein Gedankensystem
aufgebaut, welches fest zusammenhing und in sich wider-
spruchslos, aber auch unfähig war, für die Erfahrungswissenschaften irgendwie zu nützen. Es würde keinem Gelehrten, ja
keinem Menschen überhaupt einfallen, sein Denken nach den
Formen jener Logik, nach den verschiedenen Barbara Celarent-
u. s. w. Syllogismen wirklich einzurichten: es würde nicht bloß
ungeheuer schwerfällig werden, sondern in den meisten Materien
überhaupt nicht vom Flecke kommen und sich in einem Zirkel
von Wiederholungen und Umschreibungen bewegen. Jene Logik
ist eben unfähig, der Mannigfaltigkeit des Gedankenlebens
gerecht zu werden.

Die Wissenschaft der Logik mußte eine Reform vornehmen. Die Bestrebungen, eine Logik zu schaffen, die für die
einzelnen Wissenschaften als oberste Methode brauchbar ist,
setzten in den letzten Jahrzehnten mit Nachdruck ein (Erdmann,
Sigwart, Wundt); sie sind noch lange nicht abgeschlossen,
haben aber schon wichtige Wahrheiten beleuchtet: [13]

1. So vor allem die beinahe selbstverständliche Wahrheit,
daß unser logisches Denken (der Intellekt) von den übrigen
psychischen (psychologischen) Erscheinungen, wie Willen, Gefühl,
Gedächtnis und anderen nicht durch eine chinesische Mauer
getrennt ist, sondern daß stetig Einflüsse herüberspielen, ohne
daß hiedurch das Denken seinen logischen Charakter sofort
verlieren müßte. (Diese Einflüsse machen sich hauptsächlich bei
der Bildung der Begriffe wirksam.)

So hat Wundt gerade als Kennzeichen des logischen
Denkens eine Mitwirkung des Willens aufgestellt.

---

[13] Die nachstehende Darstellung, in welcher ich hauptsächlich Wundt
folge, erhebt — wie der ganze Exkurs — keinen Anspruch auf Präzision;
sie ist nicht für Logiker oder Psychologen vom Berufe geschrieben und
bewegt sich in populären, äußerst vereinfachten Formen. Trotzdem glaube
ich, daß sie das Wesen des Unterschieds der alten und neuen Auffassung
mit ziemlicher Richtigkeit trifft.

Ohne jede Einwirkung des Willens verlaufen — nach Wundt — unsere Vorstellungen nur passiv als unwillkürliche Assoziationen (Gedanken-, Vorstellungs-Assoziationen).

Der Wille macht sich im Denken in der Form eines inneren Willensakts (von Wundt Apperzeption genannt, populär etwa Aufmerksamkeit) geltend.

Tritt nun dieser innere Wille hinzu, so entsteht ein aktiver Verlauf der Bewußtseinsvorgänge, welcher entweder lediglich den Charakter der Phantasie hat (wenn der Wille regellos handelt), oder den des logischen Denkens, dessen Merkmal ist: die Verarbeitung (Vereinigung, Synthese) einzelner Vorstellungen und ihrer Wechselbeziehungen zu neuen Vorstellungen, welche von der Tendenz geleitet ist, die Erkenntnis des Zusammenhangs der Wirklichkeit zu gewinnen. Das für diese Erkenntnis wichtigste Produkt jener Verarbeitung (Synthese) sind die Begriffe.

Wundt stellt also das ganze logische Denken geradezu auf die Basis des Willens und wird hiedurch auch der Einfluß der Gefühle auf das Denken selbst dann erklärlich, wenn man nicht — wie Wundt — die Gefühle bloß als unentwickelte, zum Durchbruche nicht gelangende Willensakte ansieht.

2. Hieraus ergibt sich auch eine ganz andere Vorstellung von dem Wesen des Begriffs.

Wie geht die Begriffsbildung vor sich?

Jede neue Vorstellung bringt auch frühere Vorstellungen, die als Gedächtnisresiduen existieren, zum Mitklingen, es bilden sich ständige Gruppen von Vorstellungen, die am Faden des Gedächtnisses zusammenhängen. Die wichtigste Art dieser Gruppen sind Begriffe. Der Vorgang ist größtenteils assoziativ, aber dann greift auch die Apperzeption ordnend und sichtend ein. Das Charakteristische der Begriffe und dasjenige, was ihnen einen so überwiegenden Wert in allen unseren Bewußtseinsvorgängen verleiht, ist, daß aus der ganzen vereinigten Gruppe der Vorstellungen eine Vorstellung, gewöhnlich die prägnanteste, sich als herrschende, als typische aussondert und zur Stellvertreterin des ganzen Produkts der Synthese (der ganzen Gruppe) wird. Diese Vorstellung ist es, die allein im Blickpunkte des Bewußtseins erscheint, sobald es sich um die ganze Gruppe handelt, während die übrigen nur im Halbdunkel mitklingen. Der Begriff kann daher niemals seinem ganzen logischen Inhalte nach vorgestellt werden. (Wundt Logik Seite 217). Der Begriff ist kein Schema, eine bloß schematische Vorstellung ist unmöglich, man kann sich unmöglich ein Dreieck vorstellen, das weder gleichschenkelig noch ungleichschenkelig, weder gleichwinkelig noch ungleichwinkelig noch ein Rechteck ist, also ein Schema eines Dreiecks. Immer übernimmt eine bestimmte Vorstellung, ein Zeichen die Funktion, das ganze Produkt der Synthese zu repräsentieren, und sind

Dreieck

mit dieser Hauptvorstellung die anderen durch psychologische
Bande der Assoziation, des Gedächtnisses u. s. w. verbunden.
Je nach der Entfernung dieser repräsentierenden Vorstellung,
des Zeichens (Worts, Bilds) von dem übrigen Begriffsinhalte,
je nachdem mit dem Zeichen noch eine Anschauung (also ein
Bild) verbunden ist oder nicht mehr — sind die Begriffe kon-
kret oder abstrakt. Sehr oft bildet das „Wort" das einzige vor
das Bewußtsein tretende Vorstellungszeichen eines Begriffs, so
daß wir „Wortvorstellungen selbst im Zusammenhange der Rede
reproduzieren, o h n e daß uns deren Bedeutung ins Bewußtsein tritt" (Erdmann Logik I. Bd. § 8). Hiemit wurde noch
ein Punkt berührt, der von der älteren Logik nicht erkannt
werden konnte.

3. Der Einfluß der Sprache auf das Denken. Die Sprache
und das in ihr verkörperte Begriffssystem ist nicht bloß ein
Werkzeug des Denkens, sie lenkt auch unser Denken in bestimmte Bahnen. Ich streife diesen Punkt schon hier nur deshalb, weil hiedurch auch manche andere Beeinflussungen unseres
logischen Denkens durch soziale Faktoren erklärlicher werden.
So bemerkt Sigwart (Logik § 7): „daß wir an neuen Gegenständen immer dasjenige am leichtesten bemerken, was mit
einem schon eingeübten Schema übereinstimmt. Wir legen so-
zusagen unsere fertigen Bilder immer über die Dinge her und
verhüllen uns dadurch das Neue und Unterscheidende an ihnen".
Sigwart benützt hier noch den Ausdruck „Schema", aber wie
weit auch er davon entfernt ist, damit das Bild einer fest-
begrenzten geometrischen Figur zu verbinden, beweist der unmittelbar vorgehende Satz: „Alle Wörter haben im natür-
lichen Verlauf des Denkens das Bestreben, ihr Gebiet
zu erweitern, ihre Grenzen sind unbestimmt und immer bereit,
sich für neue verwandte Vorstellungen zu öffnen."[14]

4. **Anwendung obiger Prinzipien auf die Rechtsbegriffe.**[15] **Die Projektion.**

Würde ich auf Grund der vorgehenden Au......ngen nach
der treffendsten Veranschaulichung, nach einer graphischen Darstellung des „Begriffs" suchen, so möchte ich ihn keineswegs
mit einer geometrischen Figur vergleichen. Ich werde vielmehr
an jene Photographien mit verschwommenen und langsam sich
verflüchtenden Konturen erinnert: beim ersten Anblicke erscheinen sie ganz deutlich und prägnant, weil wir nur das
Zentrum, nur das eigentliche Bild in den Blickpunkt richten,
wenn wir aber daran gehen, ihre Grenzen zu fixieren, so sehen

---

[14] Vgl. Tertullianus (L 27 de legibus D. I, 2): Semper hoc legibus
inesse credi oportet, ut ad eas quoque personas et eas res pertineant, quae
quandoque similes erunt.
[15] Über diesen Ausdruck vgl. Paul Eltzbacher Über Rechtsbegriffe, Berlin 1899, S. 16, 23, 33.

wir die — früher uns verborgene — Unmöglichkeit, zu bestimmen, wo das Bild tatsächlich endet und der Hintergrund anfängt. So hat jeder Begriff der Erfahrungswissenschaften neben einer Kernvorstellung eine immer abklingende Übergangszone, und zwar der eine eine breitere, der andere eine schmälere.

Die vorhandene Übergangssphäre läßt sich durch keinerlei noch so umständliche Definitionen beheben, weil Definitionen nicht anders als durch Anwendung neuer Begriffe möglich sind. Der letzte Grund dieser Unbestimmtheit ist die große Zusammengesetztheit selbst scheinbar einfacher Erscheinungen, weshalb bei einzelnen Erscheinungen eine oder auch mehrere Eigenschaften fehlen können,[16] ohne daß man eine präzise Grenze ziehen könnte, bei welchem Grade der Verschiedenheit die Zugehörigkeit zu einem bestimmten Begriffe schon entfällt und bei welchem sie noch existiert. (Absolute Gleichheit der Erscheinungen kann unmöglich als Bedingung der Zugehörigkeit gefordert werden.)

Daher wächst im Durchschnitte der Grad der Grenzunbestimmtheit mit dem Ansteigen auf der oben (Anmerkung 12) gegebenen Stufenleiter der Wissenschaften, d. i. mit der abnehmenden Abstraktheit und Einfachheit und zunehmenden Konkretheit und Kompliziertheit des Stoffs, so daß in der niederen Mathematik die Übergangszone gleich Null ist, während in den Sozialwissenschaften sehr viele Begriffe (z. B. fast alle ethischen Begriffe: der Tugend, des Guten) der näheren Betrachtung fast nur als dunkle Empfindungen erscheinen.

Niemand ist mehr als gerade der Jurist befähigt, die Tatsache zu erkennen, daß Begriffe, die uns beim ersten Anblick so klar und deutlich vor die Augen treten, daß wir an Schwierigkeiten in ihrer Anwendung nicht denken, sich trotzdem schwankend erweisen.

Wer würde z. B. bei dem Begriffe „Mensch" an Zweifel denken? Dennoch konnte gerade die Jurisprudenz der Notwendigkeit nicht entraten, den Begriff noch genauer zu umgrenzen, sie mußte beispielsweise Grundsätze aufstellen, wann ein Wesen Mensch zu sein beginnt (nasciturus), wann es endigt

---

[16] An einem Beispiele wird die Sache klarer werden. Wie einfach, einheitlich und verständlich erscheint uns der Begriff: „finden". Ihering Zivilrechtsfälle ohne Entscheidungen S. 103 erzählt nun: A, B, C gehen an einem Bache spazieren. Jenseits sieht A einen Geldbeutel auf der Erde liegen; er teilt seine Entdeckung den beiden anderen mit, B pfeift dem Hunde des C und läßt ihn den Beutel apportieren. Wie der Hund mit dem Beutel zurückschwimmen will, hetzt D, der am andern Ufer spaziert, seinen Hund auf ihn und bekommt infolgedessen den Beutel. Wer ist der Finder? Die Schwierigkeit der Beantwortung liegt darin, daß die zahlreichen Merkmale des Begriffs „finden", die uns vereinigt vorschwebten (und im Kernpunkte dieses Begriffs wirklich vereinigt sind), in diesem Falle bei jedem der vier Beteiligten partiell fehlen. Die Tätigkeit jedes der vier Beteiligten fällt daher in die Übergangszone des Begriffs „finden".

(Todeserklärung), ob eine Fehlgeburt, ein geborenes Monstrum u. s. w. ein Mensch ist (was wiederum Zweifel hervorrufen kann, was ein „Monstrum" ist) u. s. w., u. s. w.

Ist jemand verpflichtet: „90 K zu bezahlen", so erscheint der Gegenstand seiner Verpflichtung ganz unzweifelhaft ausgedrückt. Und doch! Er gibt eine 100 Kronennote, verlangt Rest; hat er das Recht darauf? er sendet 90 K per Post, der Empfänger muß die übliche Gebühr zahlen; hat er 90 K bezahlt erhalten? In Abwesenheit des Gläubigers (der sein Freund ist) läßt der Schuldner 90 K in einer Schublade seines Tisches — die er mit einem zweiten Schlüssel absperrt — zurück; hat er sie bezahlt? Er läßt den Gläubiger zu sich kommen und 90 K sich abholen — hat er das Recht hiezu? Wenn nicht, auch dann nicht, wenn der Schuldner der Fiskus oder eine große Bank ist? u. s. w., u. s. w. Alles Fragen, die, wenn man vom „Bezahlen 90 K" spricht, überhaupt nicht zu Bewußtsein kommen, weil im Blickpunkte des Bewußtseins nur der Kernpunkt der Begriffe „Bezahlen 90 K" steht, etwa ein Bild zweier Personen vorschwebte, von denen die eine der anderen 90 Kronenstücke einhändigt.[17]

In allen diesen und ähnlichen Streitfragen wird das juristische Denken immer eine Entscheidung treffen, aber niemals läßt sich behaupten, daß der fragliche Vorgang in der Subsumtion unter den betreffenden Begriff besteht, daß er im ursprünglichen Vorstellungsgehalte dieses Begriffs enthalten, von ihm umfaßt war: Im Gegenteil, als wir uns jenen Begriff ins Bewußtsein riefen, dachten wir überhaupt nicht an diese Grenzfälle, sondern nur an die markantesten Fälle; und nur von solchen kann man sagen, daß sie in jenem Begriffe schon gedacht, enthalten waren.

Sonst aber bildet der ursprüngliche Begriff bloß einen Krystallisationsfaden, an welchen sich neue, verwandte, doch nicht gleiche Erscheinungen angliedern. Der Prozeß, durch welchen jener Begriff auf einen solchen Grenzfall angewendet wird, ist nicht die Analyse (Betrachtung und Zerlegung) des Begriffs, sondern Synthese, Verbindung des alten Begriffs mit der neuen Erscheinung, Erweiterung des Begriffs.

Welcher Natur das Verkittungsmittel in diesem Krystallisationsprozeß ist, bedarf noch einer Untersuchung. Hier erwähne ich nur, daß im allgemeinen bei jeder Synthese entweder die Erfahrung oder eine Empfindung (ein Affekt) das Bindeglied abgeben kann.[18] Der im Begriffe vorgestellte Begriffskern kann

---

[17] Ich habe absichtlich zwei Beispiele gewählt, wo es sich um relativ einfache (physische) Erscheinungen und konkrete Begriffe handelt, daher die Unsicherheitszone relativ eng ist, man nehme aber einen Begriff wie Kaufmann, Urkunde, so wird die Unsicherheitssphäre viel breiter sein.

[18] Die berühmte Kant'sche Frage, ob synthetische Urteile a priori möglich sind, muß negativ beantwortet werden.

sich in dieser Weise eine ungeheure Masse von Erscheinungen angliedern, welche in ihm ursprünglich nicht staken; er kann, begünstigt durch entsprechende Erfahrungstatsachen und Empfindungsrichtungen, durch kleine, unscheinbare Abstufungen über seinen ursprünglichen Gehalt um sich greifen.

Diese Erscheinung — die gerade im juristischen Denken wegen seines Bedürfnisses nach Präzision einerseits und wegen seines diese Erscheinung eben begünstigenden normativen Zugs andrerseits sehr auffällig ist — nenne ich P r o j e k t i o n (eines im formulierten Rechte vorkommenden Begriffs in die Wirklichkeit) und stelle sie zwischen die eigentliche Subsumtion einerseits und die Analogie andrerseits. Das Wesen der Projektion wird im Laufe der Darstellung, namentlich der Bindeglieder, deren sich das juristische Denken bei Verknüpfung einer Tatsache mit einem Begriffe des Rechts bedient, greifbarer werden, hier definiere ich sie vorläufig (vom Gesichtspunkte ihrer Wirkung aus) als: die A n w e n d u n g eines B e g r i f f s des formulierten R e c h t s a t z e s , o h n e s e i n e (b e g r i f f l i c h e) Ä n d e r u n g a u f s o l c h e E r s c h e i n u n g e n , d i e u r s p r ü n g l i c h i n i h m (d i e s e m B e g r i f f e) n i c h t o d e r w e n i g s t e n s n i c h t n a c h w e i s b a r v o r - g e s t e l l t (e n t h a l t e n) w a r e n .

Einige Beispiele sollen die Sache mehr veranschaulichen:

Ein Gesetz aus dem Jahre 1700 trifft irgend eine (sagen wir steuerrechtliche) Verfügung über die „mit mechanischer Kraft betriebenen Mühlen". Das Gesetz würde im Laufe seiner Geltungszeit ohneweiters auf Dampfmühlen, elektrische Mühlen angewendet werden können, obwohl man im Jahre 1700 unter mechanischer Kraft wohl nur die Kraft des Windes und Wassers sich vorstellte. Es ist das also keine Subsumtion, aber auch keine Analogie,[19] denn wir brauchen am Begriffe der „mechanischen Kraft" nichts zu ändern, um ihn auf Dampfmühlen anzuwenden, wir haben keine Lücke, wir wenden ihn direkt und unmittelbar an, wir gliedern die neue Erscheinung dem alten Begriffe als integrierenden Bestandteil an, wenn sie auch ursprünglich nicht darin enthalten war, kurz wir projizieren den alten Begriff auf die neue Erscheinung. Ich bemerke: das Bindeglied wären hier volkswirtschaftliche und physikalische Erwägungen, die schon in den Sprachgebrauch des Worts „mechanisch" Eingang ge- funden haben.

Oder: Ein Gesetz bestimmt „Fälschung des Gelds ist strafbar" zu einer Zeit, wo in dem Lande nur das Münzgeld zirkuliert. Nachträglich tritt das Papiergeld auf. Man würde ohneweiters auch die Fälschung des Papiergelds für strafbar erklären. I h e r i n g , der diesen Fall bespricht (Geist des röm.

---

[19] Wir würden daher die fragliche Anwendung auch dann vornehmen können, wenn das Gesetz aus dem Jahre 1700 die Bestimmung enthielte, daß es nicht analog auszudehnen sei.

Rechts § 3 Anm. 6), rechnet ihn (mangels anderer Kategorie)
zur Analogie. Es ist aber keine Analogie, sonst müßte man,
auch wenn das Goldgeld zum Silbergelde oder eine Papiergeld-
emission zu einer anderen in der Zirkulation hinzutritt, immer
von Analogie sprechen, und wenn gar eine neue Geldsorte an
Stelle der andern tritt (z. B. beim Übergange zur Kronen-
währung), müßte man sagen, daß das alte Gesetz infolge des
Untergangs des Objekts, auf das es sich bezog, inpraktikabel
(obsolet) geworden, was doch niemandem einfällt. Auch hier wird
der Geldesbegriff auf die neuen Geldsorten projiziert, ohne daß
wir dabei die Empfindung hätten, eine Lücke im Gesetze aus-
zufüllen.

In beiden obigen Beispielen sondert sich die Projektion
von der Subsumtion mit ziemlicher Schärfe ab (sie wurden so
gewählt, daß die Annahme einer Subsumtion ein historischer
Anachronismus wäre), regelmäßig ist dies aber nicht der Fall,
insbesondere deshalb nicht, weil das juristische Denken, um die
Projektion einzuengen und die eigentliche Subsumtion möglichst
auszudehnen, sich einiger künstlicher Mittel bedient, um den
ursprünglichen Sinn (Willen) des formulierten Rechts so voll
als nur möglich — selbst auf Kosten realer Wahrheit — zu
gestalten. (Hierüber siehe Abschnitt IV.)

Es ist klar, daß dem Gesetzgeber, als er den Betrug de-
finierte, nur ein ganz geringer Teil jener mehr oder weniger
raffinierten Handlungsweisen vorschweben konnte, die dann von
geriebenen Köpfen erdacht und auf welche dann die in der
Betrugsdefinition enthaltenen, mit großer Unsicherheitszone um-
gebenen Begriffe angewendet wurden; es würde jedoch sehr
schwer fallen, hier eine genaue Grenze zu ziehen.

Die Projektion eines Begriffs kann sich — wie aus der
vorherigen Darstellung hervorleuchtet — mit Änderung der
Kraft der „Verbindungsmittel" ändern.

So wurde bekanntlich zur Zeit der Wucherfreiheit der
Betrugsbegriff auf eklatante Tatbestände der Bewucherung projiziert
(wobei die Einsicht wirtschaftlicher Schäden und sittliche Ent-
rüstung über deren Straflosigkeit das Verbindungsmittel abgab).
Dies hörte auf, sobald die Strafbarkeit des Wuchers wieder
eingeführt wurde.

Die Wiener Fiakerkutscher [20] hatten sehr viel mit den Straf-
gerichten wegen „Schnellfahrens" zu tun. Mit der Ausbreitung
der elektrischen Tramway und des Automobilverkehrs hörte dies
fast auf. Unter dem Eindrucke des beschleunigten Straßen-
verkehrs wurde dasselbe Fahrtempo, auf welches jahrzehntelang
der Begriff „Schnellfahren" sich projizierte, aus diesem Begriffe
ausgeschieden, ohne daß der betreffende Rechtsatz eine begriff-

---

[20] Ich entnehme dieses amusante Beispiel einem unlängst gehaltenen
öffentlichen Vortrage von Dr. Elbogen.

liche Änderung erfahren hätte, und wenngleich dieses Tempo nach den Ansichten der Verfasser des Strafgesetzbuchs wirklich „Schnellfahren" gewesen ist.

Derselbe Begriff kann auch gleichzeitig verschiedentlich projiziert werden. Der Ausdruck und Begriff „Waffe" ist einheitlich; nichtsdestoweniger werden im § 158 StG beim Verbrechen des Zweikampfs unter dem Einflusse der der Projektion ungünstigen Strömung der ritterlichen Ehrbegriffe darunter wirklich nur die eigentlichen Waffen verstanden (Schießwaffe, Säbel u. s. w.), während derselbe Begriff bei dem Verbrechen des Landfriedensbruchs (§ 83 StGb.) auch auf ganz andere Werkzeuge, wie Stock, Keule, Sense, projiziert wird, obwohl dem Gesetzgeber auch hier, wenn er von Waffen sprach, nur der Kern dieses Begriffs, also nur eigentliche Waffen mit Sicherheit (nachweisbar) vorschwebten. Wie von der Subsumtion einerseits, so scheidet sich auch andrerseits von der Analogie die Projektion nicht immer scharf ab: diese drei Tätigkeiten wogen ineinander: durch stufenweise Erweiterung der Projektion geht diese in analoge Anwendung sanft und fast unmerklich über, der Unterschied ist bloß ein gradueller. Es bliebe hier das vorhin Gesagte zu wiederholen: im juristischen Denken gibt es keine Sprünge und Diskontinuitäten. Daher ist auch die Möglichkeit gegeben, durch sehr erweiterte Projektion eine wirkliche Analogie zu verdecken oder doch Grenzfälle zu bilden. So wäre es fraglich, wohin der Vorschlag einzureihen wäre, den im § 85 lit. c StG den „Eisenbahnen" gewährten Schutz auf ihre Telegraphen auszudehnen (nach Lammasch Strafrecht § 2 wäre es extensive Interpretation) oder den — in jüngster Zeit so kraß beleuchteten — Mädchenhandel unter „Menschenraub" zu „subsumieren" (Lammasch österr. Strafrecht § 47).

Mit obiger Verwahrung glaube ich die Projektion von dieser Seite dahin abgrenzen zu können, daß die analogische Anwendung eines Begriffs immer dann, aber auch nur dann vorhanden ist, wenn wir die Empfindung haben, die im Begriffe herrschende Vorstellung (die stellvertretende Vorstellung, den Begriffskern) ändern zu müssen, um die zu behandelnde Erscheinung diesem Begriffe direkt anzugliedern.

Ich schließe dieses Kapitel mit der Bemerkung, daß hier von allen Komplikationen abgesehen wurde, die sich aus der Mehrheit der in Betracht kommenden Rechtssätze und Rechtsbegriffe ergeben.

5. Der Gesetzgeber.

Die Aufstellung des Begriffs „Projektion" bezweckt nicht bloß etwa eine neue Einteilung der Auslegung — im gewöhnlichen Verstande dieses Worts — zu geben, sondern für das juristische Denken ein weites Gebiet von Gedankengängen und

-Richtungen zu vindizieren, welches beharrlich. übersehen [21] zu
werden pflegt: jene zahlreichen Raisonnements, Erwägungen, auf
die im 14. Kapitel hingewiesen wurde, die weder Tatsachen-
ermittlungen sind, noch wirklich einen andern Sinn einer Gesetzesstelle zu Tage fördern, sondern in mannigfaltigster Weise
an den feststehenden Tatsachen eines Einzelfalls und nicht
mißzuverstehendem Sinne der Gesetzesstelle herumarbeiten, be-
zwecken in der Regel die Herstellung der Verbindung zwischen
diesen — in einem Rechtsbegriffe nicht schon vorgestellt gewesenen — Tatsachen und diesem Begriffe, sie betreffen die
Projektion.

Während die Auslegung ihrem gangbaren Begriffe nach
immer nur das im Rechtsatze schon Enthaltene bloß enthüllen
soll, [22] betont die „Projektion‘, daß die durch sie gewonnenen
Resultate nicht schon vom Gesetzgeber vorgestellt waren, daß
sie neu sind.

Es ist von vorneherein zu vermuten, daß eine Theorie,
welche diese Erscheinungen ignoriert, nur in der Weise
existieren kann, daß sie irgendwo in verdeckter Form mit
einer Ungenauigkeit, mit einer variablen Größe operiert, welche
gewissermaßen ein Reservoir ist, in dem die Widersprüche so
gut als möglich untergebracht werden.

Sie ist auch nicht schwer aufzudecken. Der Jurist setzt sich
(abgesehen von der als Anomalie angesehenen Analogie) angeblich zum alleinigen Ziele seiner Tätigkeit die Ermittlung des
Willens (des Sinnes, der Meinung) des Gesetzgebers.

Man frage nun: „wer ist denn dieser Gesetzgeber“,
dessen Wille den einzigen Stoff der Jurisprudenz bildet, wenn
er überhaupt etwas Reales, etwas empirisch Existierendes sein
soll, wie es sich für eine positive Wissenschaft geziemt?

Ich sehe hier von allen rechtsphilosophischen Theorien
über den letzten Grund der verpflichtenden Kraft der Gesetze

---

[21] Vgl. Gareis Enzykl. der Rechtswissensch. § 13: Die Rechtsanwendung ist eine Tätigkeit, welche auf die Subsumierung eines Rechts-
falls unter eine Rechtsnorm gerichtet ist.

[22] Daß dies in Wirklichkeit nicht der Fall ist, konnte dem Wahr-
heitssinne Thöls nicht entgehen, und er betont die Neuheit der Auslegungsresultate mit großem Nachdrucke, er kann dies aber mit den
sonstigen Ansichten der Auslegungstheorie, die ihn beengen, nicht in
Einklang bringen und bewegt sich in Widersprüchen. Vgl. Einl. in das
deutsche Privatrecht § 58: „Auch die Auslegung bringt stets (?) einen
neuen Rechtsatz hervor. Denn der Rechtsatz, welcher durch sie gewonnen
wurde, war, bevor sie ihn herausstellte, nicht da. . . . Er ist aber zugleich (!)
gesetzlicher Rechtsatz, denn er hat seinen tieferen (?) Grund in dem Wort
des Gesetzes. Die Wissenschaft war darauf beschränkt, seinen gewollten
Inhalt zu finden." (Also doch nicht neu.) „Die Auslegung ist immer
rezeptiv und produktiv zugleich." Vgl. auch Pfaff-Hoffmann Komment.
S. 199: „Wenn wir ein Inventar über unsere juristischen Überzeugungen aufnehmen wollten, mancher würde staunen, an wie viele und wichtige Sätze er
glaubt, für die er kein Gesetz anzuführen wüßte.

ab[23] (von Theorien, welche diesen Grund in dem Willen Gottes, des Volkes, in der allgemeinen Anerkennung u. s. w. sehen) und halte mich ausschließlich an die Ansichten der praktischen, der exakten Jurisprudenz.

Wer ist also jener „Gesetzgeber"?

Ist es wirklich — was das Staatsrecht lehrt — in monarchischen Staaten der Landesfürst, in Republiken die Volksrepräsentanz? Aber es springt ja in die Augen, daß im modernen Staate der Landesfürst ein Jurist vom Beruf sein müßte, um wenigstens die Titel und den ungefähren Inhalt all der Gesetze und Verordnungen zu kennen, die in seinem Namen erlassen werden. Man braucht ja bloß eine dickbändige Sammlung des Reichsgesetzblatts von außen anzuschauen, um vor dieser Annahme zurückzuschrecken.

Lange Zeit ging man dieser Frage überhaupt aus dem Wege.

Indem man kühn den Willen „des Gesetzgebers" mit dem „Willen des Gesetzes"[24] identifizierte und sich vorzugsweise auf das Gesetz selbst zur Erforschung dieses Willens beschränkte,[25] kam die Person des Gesetzgebers nicht weiter in Betracht.

Da trat die historische Schule mit der Betonung des geschichtlichen Elements ein.

Ferner wurde es, infolge staatsrechtlicher und sonstiger Umwälzungen üblich, die Vorarbeiten der Gesetze (welche bis dahin nicht publiziert zu werden pflegten) zu veröffentlichen: die Materialien, Kommissionsprotokolle, parlamentarische Beratungsprotokolle, ursprüngliche Gesetzentwürfe u. s. w.

Endlich eröffnete sich die Möglichkeit, den mystischen Gesetzgeber, dessen Bewußtseinsinhalt (Wille) von der Jurisprudenz erforscht werden soll, greifbar und realiter zu finden:

Gesetzgeber sind — es lag auf der Hand — die Redakteure, die Mitwirker, die Zustandebringer der Gesetze, diejenigen, von welchen sie konzipiert, verfaßt, stilisiert wurden. „Der gesetz-

---

[23] Zusammengestellt sind diese Theorien in B i e r l i n g Kritik juristischer Grundbegriffe. Er selbst findet in der fortdauernden Anerkennung durch die Rechtsgenossen eines Grundsatzes als Norm ihres Zusammenlebens das konstituierende Element des Rechts.

[24] Das bedeutet (wenn man nicht das Gesetz in mythologischer Weise porsonifizieren soll) mit „dem im Gesetze ausgedrückten Willen einer nicht weiter in Betracht kommenden Person". Vgl. E c k h a r d Hermeneuticae juris libri duo § IV Anm. „In Hermeneuticis sensus auctoris a sensu orationis non discrepat sed pro eodem habetur."

[25] T h i b a u t Theorie der logischen Auslegung § 29 sagt: „Der praktische Jurist darf die Gesetze nur dann logisch interpretieren, wenn die principia cognoscendi, die data zur Erforschung des Sinnes desselben aus dem Rechte selbst hergenommen werden können. Nur das ist positives Gesetz, was publiziert ist. Vgl. hingegen den oben S. 674 Anm. 1 zitierten Ausspruch U n g e r s: Die Selbstbeschränkung T h i b a u t s war selbstverständlich nur ein Prinzip.

geberische Wille deckt sich notwendig mit demjenigen ' Sinne,
welchen die Gesetzesverfasser mit den gebrauchten Worten
verbunden haben", daher soll z. B. der Wille der Kommissionen,
die das Wechsel- und Handelsrecht redigiert haben, wie der
Wille des Gesetzgebers angesehen werden (Goldschmidt
Handbuch Bd. I § 310 ff.).

Aber siehe! Diese anscheinend so selbstverständliche und
von einigen Juristen lebhaft aufgegriffene Konsequenz begegnete
sonst einem skeptischen Mißtrauen und offenen Widerstande.
Man widersetzt, man sträubt sich gegen die Substanzierung der
Person des Gesetzgebers, gegen greifbare Bezeichnung des
Forschungsobjekts. Man setzte eine andere Auffassung entgegen: der „Gesetzgeber" will überhaupt nicht dies oder jenes;
was er will, das ist das Gesetz, nur mit diesem hat der Jurist
zu tun.

So sagt Hahn (Kommentar zum Handelsgesetzbuch I
§ 48 ff.): Gesetz ist nicht, was der Gesetzgeber will, sondern
was er in solenner Weise — durch das Gesetz — als Gewolltes
erklärt hat.

Und mit großer Prägnanz Janka (österr. Strafrecht § 23):
„Mit dem Gesetze, mit der gesetzgeberischen Willensäußerung
hat die Auslegung zu tun, nicht mit der hinter der Erklärung
liegenden gesetzgeberischen Willensmeinung. Hat der Gesetzgeber etwas anderes aussprechen wollen, als er ausgesprochen
hat, oder hat er etwas aussprechen wollen, was er nicht ausgesprochen hat, so gilt, selbst wenn die Abweichung durch
andere Erkenntnismittel sichergestellt wäre, immer das Aus-
gesprochene wie es ausgesprochen ist." Zwischen den Extremen,
bildeten sich Mittelmeinungen mit verschiedenen Nuancierungen
und stellt der Kommentar Pfaff-Hoffmanns eine ganze Skala
auf, die mit Siebenhaar anfängt und über Thöl, Unger, Hahn,
Menger, Pfaff-Hoffmann zu Goldschmidt herübergeht.
Das ist der berühmte Streit um die Bedeutung der Beratungsprotokolle, ein Streit, in welchen ich hier keineswegs einzu-
greifen gedenke.

Denn dem hier verfochtenen Prinzipe der positiven Forschung
getreu, genügt mir die Konstatierung, daß unter angesehensten
Juristen, von denen man keinem den Vorwurf der Oberfläch-
keit oder Unkenntnis machen kann, ein Streit über eine so
grundlegende Frage dauernd existiert und durch gegenseitige
Aussprache nicht geschlichtet werden kann. Er beweist schon
durch seine Existenz, daß keine der extremen Meinungen dem
sozialen Kraftverhältnisse entspricht, daß keine richtig ist. Ich
sehe in der Existenz dieses Streits den Ausdruck der — im
nächsten Kapitel ausführlicher behandelten - so oft verkannten
Tatsache, daß die juristische Wahrheit über den Sinn eines
Rechtsatzes teilweise, aber keineswegs immer mit der geschichtlichen Wahrheit zusammenfällt, und zwar deshalb nicht,

weil jede unrichtig ansetzende oder übertreibende rechtshistorische Forschung ebensoviel an der Autorität (der lebendigen
Durchschlagskraft) ihrer Resultate einbüßt, als sie an deren
Positivität gewinnt. Es besteht hier eine automatische Sicher-
heitsvorrichtung gegen Übergriffe der Staubgrüblerei und Eru-
dition. Den gewonnenen Auslegungsresultaten kann jene
Autorität, jenes höchstpersönliche Moment abgehen, wodurch
sich der Befehl des Rechts von jeder anderen Meinung unterscheidet und im Leben durchsetzt.

Die Zulässigkeit der Erforschung desjenigen, was hinter
dem Gesetze steckt, was ihm vorausging, ist nicht unbeschränkt;
einen guten Fingerzeig für den noch zulässigen Grad bildet die
Empfänglichkeit der Gerichte hiefür. [26]

In der hier berührten Kontroverse zeigt sich dieser Prozeß
mit drastischer Deutlichkeit.

In der Tat, was hilft es, wenn man in überzeugendster
Weise dartut, daß Hye, der Verfasser des Strafgesetzbuchs
vom Jahre 1852, oder daß Freiherr v. Hahn oder Sonnenfels,
die das Elaborat verfertigten, welches im Jahre 1803 publiziert
wurde, und aus welchem eine Vorschrift in das Strafgesetzbuch
aus dem Jahre 1852 überging, mit dieser Vorschrift einen
bestimmten — dem Gesetze aber sonst nicht entnehmbaren —
Sinn verbanden: Auf den Richter wird ihre Meinung niemals
die autoritative Wirkung ausüben, wie eine klare gesetzliche
Vorschrift, er wird fühlen, daß er diese Meinung ignorieren
kann, ohne dem Gesetze zuwiderzuhandeln, und wird erst er-
wägen, ob er sie zu berücksichtigen habe. Die Unsicherheit des
Gesetzessinnes wurde durch den historischen Nachweis nicht
behoben, sie nahm eine andere Form an.

Dernburg gibt in seinen Pandekten (§ 36) den Rat, sich
mit den eigentümlichen Charakterzügen der römischen Juristen
vertraut zu machen, weil dadurch manches Mißverständnis
beseitigt werden könne.

Es können offenbar nur die Eigentümlichkeiten im Stile
und in der Darstellungsweise der einzelnen Stellen des corpus
juris gemeint sein, denn man kann sich schwer vorstellen, wie
eine Partei ernstlich im Prozesse ihr gutes oder schlechtes
Recht dadurch unterstützen würde, daß Alfenus Varus ein

---

[26] Diese ist aber in Bezug auf die hier behandelte persönlich-
geschichtliche (im Gegensatz zur dogmen-geschichtlichen) Forschungs-
richtung nicht groß. So wird z. B. von manchen (Ofner in den Jur. Blättern
vom 27. Juli 1902) viel geklagt, daß die Praxis der Gerichte die unlängst ver-
öffentlichten Beratungsprotokolle zum bGb. ignoriert. Aber jeder Richter muß
sich doch sagen: wenn der Gesetzgeber durch so viele Jahrzehnte diese
Protokolle geheimhielt, so hat er offenbar selbst nicht einmal wollen, daß
man bei der Interpretation des Gesetzes sich nach ihnen richtet, er wollte
offenbar das Gesetz so angewendet haben, wie es aus sich selbst geschehen kann.

behaglicher Phlegmatiker, Labeo eine bureaukratische Natur
war, wie sie einen anderen Erfolg als ein nachsichtiges Lächeln
einernten könnte.

—————

Kurzum der gesuchte „Gesetzgeber", den manche schon
erreicht zu haben glaubten, blieb trotzdem im Dunkeln. Der
Jurist ermittelt täglich und stündlich seinen Willen, seine Absicht, seine Gründe, aber er vermag auf Gottes Erdboden kein
reales greifbares Wesen bezeichnen, welches er darunter
meint.[27]
Der Gesetzgeber kann eben nicht entdeckt werden, denn
gerade seine Mystizität, seine Unbestimmtheit bildet das
Korrektiv, welches ermöglicht, ohne eklatante Widersprüche
mit dem Leben, die Jurisprudenz ausschließlich als Ermittlung
des Willens des Gesetzgebers hinzustellen.
Der Gesetzgeber ist eben kein reales Wesen und man
könnte die Mehrzahl der Eigentümlichkeiten des juristischen
Denkens auch von dem Gesichtspunkte der Erforschung der
Eigenschaften betreiben, mit welchen der Jurist seinen Gesetzgeber ausstattet.
Ich fasse einige beinahe selbstverständliche Wahrheiten,
die hervorzuheben der Zweck vorhergegangener Ausführungen
war, zusammen:
Das juristische Denken erschöpft keineswegs seine Funktion
in der Erforschung eines real gewesenen Willens (des Gesetzgebers), vielmehr war die ungeheure Mehrzahl der Tatsachen
und Tatsachenkombinationen, die dem Juristen als Vorwurf
dienen, von keinem Willen (Vorstellungsgehalte des Gesetzgebers)
so vorausgesehen, daß eine simple Subsumtion[28] die Lösung
ergäbe. Der gesetzgeberische Wille beleuchtet[29] auf dem weiten
Felde des Lebens nur einzelne Punkte hell und dieses Licht
kann durch keinerlei bloß logische Operationen (Findung der
ratio, Deduktion u. s. w.) bloß aus sich heraus gewissermaßen

—————

[27] Wie wenig die Vorstellung des Juristen von dem „Willen des
Gesetzgebers" mit der Realität der Dinge Gemeinsames hat, beweist, daß
man sich seinerseits nicht scheute, die ganze Gewohnheitsrecht auch auf
den gesetzgeberischen Willen als seine Grundlage zurückzuführen. Erst
die neuere Theorie schrak vor dieser Ungeheuerlichkeit zurück. Die Darstellung des Textes geht um einen Schritt weiter. Das entgegengesetzte
Paradox vertritt aber Frenzel (Recht und Rechtsätze, Leipzig 1902),
welcher auch die Kraft des gesetzten Rechts auf Gewohnheitsrecht
zurückführt u. dgl. (§ 77 u. a.).
[28] Allenfalls auch Konstruktion. Hievon später; hier wird von einer
Vielheit der Rechtssätze noch abgesehen.
[29] Die gesetzgeberische Technik verbietet, diesen Willen in allzu ab-
strakte Formen zu kleiden, weil (abgesehen von der Unsicherheit) die
Praxis solche Sätze als theorisierende bezeichnen und ihnen mit dieser
Begründung den Gehorsam verweigern könnte. Die Sätze müssen die
Praktikabilität (Ihering Geist des röm. Rechts) besitzen.

in prestidigitatorischer Weise umfassender gemacht werden. Die beleuchteten Stellen haben bloß die Funktion von Attraktions-(Konvergenz-)Zentren und findet die Angliederung der in den Übergangszonen liegenden Tatbestände (Projektion) unter Benützung offenbar anderer, mit dem Willen des Gesetzgebers (wenn dieser etwas Positives bedeuten soll) nichts zu schaffen habenden Linien statt.

Das Phänomen der Analogie aber ist keine Anomalie, welche durch besondere Erklärungsmittel erklärt werden muß, sondern eine natürliche, manchmal durch unmerkliche Abstufungen vor sich gehende Steigerung der Projektion, sie ist von ihr nur graduell, nicht der Art nach verschieden.

Welcher Art die bei der Projektion wirkenden Kräfte sind, wurde noch nicht berührt, wohl aber schon ein Punkt gestreift: daß die Ermittlung von Tatsachen von jener der Normen (die Gebiete des Seins und Sollens) nicht strenge geschieden sind und daß namentlich ein großer Teil der Ermittlung sogenannter innerer Tatsachen der rechtlichen Beurteilung angehört.

IV. Die Hauptmethoden der Jurisprudenz.

1. Allgemeines.

Da die Ermittlung des gesetzgeberischen Willens nicht immer die Ermittlung eines realen Willens ist, so muß dies auch auf die Ausgestaltung der Methoden Einfluß üben, mit denen jene Ermittlung arbeitet.

Bildet auch den Kernpunkt dieser Methoden die Beobachtung und logische Verarbeitung des wirklichen Zusammenhangs der Tatsachen, so machen sich doch bei näherer Ausgestaltung dieser Methoden auch Tendenzen geltend, welche darauf abzielen, den gesetzgeberischen Willen in dem von der Jurisprudenz verlangten (d. i. zur Bedeckung aller künftigen Fälle- und Tatsachenkombinationen zureichenden) Umfange zu gewinnen. Und zwar verstehe ich unter Tendenzen (Strömungen) allgemeine und konstante Willensrichtungen, welche uns das Gewollte zuweilen auch als wirklich existierend annehmen lassen, indem sie die Möglichkeit seiner Nichtexistenz ausschließen, welche daher in dieser Weise die Resultate unseres Denkens in der Richtung einer Abweichung von der Realität beeinflussen. Es soll geprüft werden, ob solche Beeinflussungen innerhalb der Methoden des juristischen Denkens nachweisbar sind.

Indem der Ausdruck „Tendenzen" (statt etwa Grundsätze) von mir benützt wird, wird an Stelle der rein logischen die dynamische (psychologische) Auffassung gesetzt und werden hiedurch alle Vorteile in der Darstellung erlangt, welche die letztere vor der ersteren in der Darstellung sozialer Verhältnisse voraus hat. Insbesondere wird einerseits schon durch den Ausdruck „Tendenz" darauf hingewiesen, daß die in ihr enthaltene Willensrichtung nicht notwendig immer auch zum Durchbruche gelangen muß, vielmehr oft von anderen mächtigeren (Erwägungen und) Tendenzen niedergehalten werden kann, andrerseits ist doch eine genaue Abgrenzung in dieser Richtung (etwa durch eine Definition) zum Verständnisse nicht unumgänglich.

Von den drei von der Jurisprudenz bewußt erfaßten (Inter-
pretations-) Methoden: der sprachlichen (grammatischen), systematischen und historischen (vgl. oben II 4) kommen hier nur die
beiden letzten in Betracht.

Das wichtigste Element der Ermittlung des gesetzgeberischen
Willens liegt allerdings in den Wortbedeutungen und den
Regeln der Grammatik, die wichtigste Methode ist zweifelsohne
die sogenannte grammatische, wie es T h ö l mit Recht hervorhebt. (Vgl. auch I h e r i n g Zweck im Rechte II. Bd. S. 15.)
Was der Jurist durch andere Mittel hinzu erwirbt, ist ein ver-
hältnismäßig unbedeutender Zusatz zu derjenigen Kenntnis des
Gesetzesinhalts, die er ursprünglich durch das erste Durchlesen
des Textes erlangt hat. Ich brauche bloß an jene vollständige
Unsicherheit zu erinnern, die man empfindet, wenn man das
Gesetz nur aus einer, noch so gelungenen systematischen Darstellung, nicht aber dem Wortlaute nach kennt. [Im übrigen
hängt die Bedeutung der sprachlichen (grammatischen) Interpretation auch mit der Autorität zusammen, die ein Gesetz genießt. Es ist immer ein Beweis einer großen Achtung, die man
einem Gesetze zollt, wenn man sich möglichst eng an seine
Worte anzuklammern sucht.]

Nichtdestoweniger wird die Untersuchung der sprachlichen
Methode in der eingangs bezeichneten Beziehung hier entfallen,
und zwar deshalb, weil sich die Untersuchung wegen mannig-
facher anderweitiger Einflüsse, von denen der Sprachgebrauch
seinerseits beeinflußt wird, viel zu kompliziert gestalten würde.
Der Sprachgebrauch bildet nämlich sehr oft nur die Form, in
welcher mannigfache — zum Teile in späteren Abschnitten zu
erwähnende — Tendenzen sich Eingang in das juristische
Denken verschaffen. Hier sei nur erwähnt, daß sich auf dem
Gebiete der grammatischen Interpretation das Streben, den
gesetzgeberischen Willen in möglichst weitem Umfange zu gewinnen, in der zweifelsohne richtigen Regel verkörpert, daß
Worte in ihrer vollen Bedeutung regelmäßig zu nehmen sind.

Nächst dem sprachlichen ist das systematische Moment
im juristischen Denken das wichtigste, erst nach ihm rangiert
das historische. Die gangbare Wertschätzung beider Methoden
ist die umgekehrte, die Rechtfertigung der hier vertretenen wird
sich in dem folgenden 3. Kapitel von selbst ergeben.

2. Die Tendenz zur Einheit.

Das systematische Element in der Auslegung besteht in
der Ermittlung des Sinnes einer Gesetzesstelle durch Zusammenhalt derselben mit anderen angrenzenden, eingreifenden u. s. w.
Es setzt eine Mehrheit von Rechtsnormen, respektive Rechtsbegriffen voraus. Die Vielheit der Rechtsnormen erzeugt
übrigens auch andere Erscheinungen im juristischen Denken:

Wenn z. B. der Sinn mehrerer in Betracht kommender Rechtssätze als schon feststehend angesehen wird und es sich bloß
darum handelt, ihr Ineinandergreifen in Bezug auf einen bestimmten (komplizierten) Tatsachenkomplex zu eruieren und so
zum Urteile zu gelangen, heißt die darauf gerichtete Denkarbeit
juristische Konstruktion.

Manchmal kann auch die durch eine Rechtsregel direkt
gegebene Normierung eines Tatbestands durch andere Rechtsregeln konstruiert [1] werden, in welchem Falle die Konstruktion eine Reversseite und Richtigkeitsprobe des systematischen
Elements in der Auslegung ist.

In der Findung der entsprechenden Rechtsregeln und in
ihrer richtigen Konstruktion wird gemeiniglich die Quelle aller
praktischen Schwierigkeiten der Rechtsanwendung gesehen.

Daß durch Zusammenhalt mehrerer Rechtsregeln der
wirkliche Wille, der in einer derselben zum Ausdruck gebracht werden sollte, aber verborgen ist, sehr oft an den Tag
gebracht werden kann, ist unzweifelhaft.

Was uns hier aber interessiert, ist, daß das juristische
Denken, vom Streben beseelt, den Abbau des gesetzgeberischen
Willens zu einem möglichst ergiebigen zu machen, sich in der
Anwendung des systematischen Elements über jede empirische
Wahrheit hinaus manchmal einzig und allein von der Tendenz
leiten läßt, innerhalb der ganzen Masse der Rechtsnormen eine
harmonische Einheit des gesetzgeberischen Willens herzustellen.
Kein Jurist nimmt daran Anstoß, ein Gesetz durch ein ganz
beliebiges andere, mag dasselbe von ganz anderen Personen
und aus anderen Zeiten herrühren, zu erläutern, zu konstruieren,
ohne auch nur den Schein eines Beweises zu verlangen, daß der Gesetzgeber, der das zu erläuternde
Gesetz erließ, sich damals das andere vor Augen hielt.

Es gilt vielmehr für den Juristen eine — nur durch stärkere Gegentendenzen zu überwindende — Präsumtion, daß
dem Gesetzgeber als er den — an sich unklaren — Rechtssatz
erließ, alle anderen in Geltung stehenden Gesetze in ihrer
gegenseitigen Wechselbeziehung und Ineinanderwirkung gegenwärtig waren, so daß der tiefste und verborgenste Sinn jeder
anderen Gesetzesstelle zur Erläuterung der fraglichen ohneweiters herangezogen werden kann. Der „Gesetzgeber" wird da
als ein Wesen vorgestellt, das in der Unzahl von Rechtssätzen
immer nur Eines, in sich selbst vollständig und widerspruchs-
los ist. Der Mangel an Realität, der durch diese Tendenz zur
Einheit hineingetragen werden kann, soll an einem Beispiele
demonstriert werden:

---

[1] Die Konstruktionssucht in dieser Richtung wurde von Ihering verspottet. — Die Benennung „Konstruktion" hängt damit zusammen, daß man
sich oft Rechte und Rechtsinstitute als Körper vorzustellen pflegt, aus
denen man die Entscheidung aufbaut.

Die österreichischen Personalsteuergesetze aus dem Jahre 1896 unterwerfen (§ 83) einer gewissen erhöhten Erwerbsteuer unter anderem „die Unternehmungen der Aktiengesellschaften", d. i. die den Aktiengesellschaften gehörigen Unternehmungen. Der Begriff ist für jedermann, der weiß, was eine Aktiengesellschaft und was eine Unternehmung ist, ganz klar; selbstverständlich hat er auch seine im Halbdunkel liegende Übergangssphäre, an die man anfangs nicht denkt. Es ereignete sich also, daß eine Aktiengesellschaft, die eine Fabrik betrieb, in Konkurs ging. Der Masseverwalter weigerte sich, die erhöhte Steuer zu bezahlen, indem er sich berief, die Fabrik sei jetzt ein „Unternehmen der Konkursmasse" und nicht mehr ein „Unternehmen der Aktiengesellschaft". Die Sache wird vor das Gericht gebracht (E. des VGH v. 30. Dez. 1901 [2]). Das Gericht entscheidet gegen den Masseverwalter. Betrachten wir die Argumente, die durchwegs von dem systematischen Element der Auslegung getragen sind. Der Richter konstruiert vor allem (ob mit Recht, lassen wir dahingestellt) durch Zusammenhalt vieler Bestimmungen der Konkursordnung aus dem Jahre 1868 (§§ 3, 4, 5, 6, 9 u. s. w.) den in dieser Konkursordnung nicht explicite angeführten Rechtssatz, daß „durch die Konkurseröffnung dem Gemeinschuldner nur ein Teil seiner Dispositionsbefugnis und nur auf die Dauer des Konkurses entzogen wird, im übrigen bleibt er Rechtssubjekt (des Vermögens) wie vor dem Konkurse auch nach dem Konkurse". „Daraus folgt" — sagen nun die Gründe weiter — „daß eine einer in Konkurs geratenen Aktiengesellschaft gehörige Unternehmung noch immer . eine Unternehmung der Aktiengesellschaft bleibt und daher zu denjenigen gezählt werden muß, die der § 83 der Personalsteuergesetze einer höheren Erwerbsteuer unterwerfen will".

Diese Schlußfolgerung wird als zwingende gedacht: Die Frage, ob denn der Gesetzgeber aus dem Jahre 1896, als er die Personalsteuergesetze erließ, sich die einzelnen Bestimmungen der Konkursordnung aus dem Jahre 1868 und die durch den juristischen Scharfsinn aus diesen Bestimmungen aufgebauten Konstruktionen vor Augen hielt, ja, ob er die Konkursordnung überhaupt so gründlich kannte, wird nicht einmal aufgeworfen und es wird auch kein Jurist diese Unterlassung beanständen, obgleich, wenn der zu erforschende Sinn des § 83 Personalsteuergesetz ein wirklicher, real gewesener S i n n s e i n soll, die Ermittlung und die Bejahung dieser Frage die unerläßliche Voraussetzung jener Schlußfolgerung wäre. Aber das juristische Denken, getrieben durch die Macht des Strebens nach Einheit,

---

[2] Bemerkt wird, daß dieser Entscheidung außer den hier besprochenen auch einige weitere Gründe beigefügt sind. Es hat dies aber auf die Darstellung keinen Einfluß, da es hier keineswegs darum zu tun ist, die Richtigkeit der Entscheidung des VGH etwa anzuzweifeln, sondern die Art der Begründung zu studieren.

überspringt diese Voraussetzung und verbindet direkt die Prämisse mit der Schlußfolgerung. Daß aber der geschilderte Vorgang nicht gar so selbstverständlich ist, daß logisch auch eine andere Vorgangsweise möglich ist und praktiziert wird, dafür bietet uns eine andere Stelle derselben Entscheidung Beleg: Der § 119 des Personalsteuergesetzes bestimmt: „Der Eintritt einer Unternehmung i n d i e L i q u i d a t i o n ist, sofern nicht zugleich die gänzliche Einstellung des Geschäftsbetriebs erfolgt, als Aufhören derselben nicht aufzufassen". Der Spitze dieses Rechtssatzes suchte der Masseverwalter in der Weise zu begegnen, daß er — auch das systematische Element zu Hilfe anrufend — ausführte: Dieser § 119 habe mit dem vorliegenden Falle nichts zu tun, denn er spreche vom „Eintritt in die Liquidation"; aus dem Handelsgesetzbuche (Art. 133) ergebe sich, daß die Liquidation nur a u ß e r dem Falle des Konkurses möglich ist und daß daher der Eintritt in die Liquidation und der Eintritt in den Konkurs zwei verschiedene, ja sich ausschließende Fälle sind. Der Verwaltungsgerichtshof repliziert aber: „Der Beschwerdeführer übersieht, daß sich das Personalsteuergesetz nicht an den bestimmten gesetzestechnischen Begriff (der Liquidation) klammern wollte", „d a s Personalsteuergesetz hat den wirtschaftlichen Begriff vor Augen gehabt", der den Konkurs mitumfaßt.

Das Beispiel ist auch instruktiv für die Einsicht, daß man im Momente, wo man die reale empirische Wahrheit verläßt (hier durch künstliche Ausdehnung der systematischen Wechselwirkung der Begriffe), sofort mit der Gefahr der Konflikte zweier ~~gleicher~~ oder mehrerer gleichbegründeter Ansichten rechnen muß. Denn mit demselben formell eingehaltenen logischen Gedankengange, mit welchem g e g e n den Verwalter der Konkursmasse entschieden wurde, konnte das Gericht auch f ü r ihn entscheiden. Es brauchte bloß zu sagen: der Begriff Liquidation aus dem § 119 Personalsteuergesetz ist als juristisch-technischer zu verstehen und aus dem Handelsgesetzbuche aufzubauen, in welchem Falle er den Konkurs nicht umfaßt. — Wenn aber das Personalsteuergesetz im § 83 von Unternehmungen der Aktiengesellschaften spricht, so hat es nicht den juristisch konstruktiven, sondern den wirtschaftlichen Begriff vor Augen, und daß wirtschaftlich (wenn auch nicht juristisch) die Unternehmung einer falliten Aktiengesellschaft auf Rechnung der Gläubiger, nicht der Aktiengesellschaft geführt wird, lehrt die tägliche Erfahrung.

3. Die konservative Tendenz.

Auch durch die Erforschung der G e s c h i c h t e einer Rechtsnorm kann man zweifelsohne eine Fülle neuen und realen Stoffs zur Prüfung ihres logischen Gehalts, ihrer Absichten u. s. w.

gewinnen. Man erkennt hiedurch in den Rechtssätzen entweder eine Fortsetzung (Festlegung, Formulierung, Neukodifizierung) der früheren Zustände, der seinerzeitigen Theorien u. s. w. oder eine bewußte, vom Gesetzgeber beschlossene Opposition gegen dieselben und gewinnt in beiden Fällen Anknüpfungspunkte für die Subsumierung der einzelnen Tatsachen unter den wirklichen, real gewesenen Willen des Gesetzgebers. Die historische Methode versagt selbstverständlich, wenn es sich um Beurteilung neuer Erscheinungen, Behandlung von Gebilden handelt, die sich erst nach der Normsetzung entwickelten; bis zu dieser Grenze kann sie unschätzbare Dienste in der Erforschung des wirklichen Willensinhalts, der dem Rechtssatze zu Grunde lag, leisten.

Der nächstliegende Weg zur Erforschung dieses Willensinhalts wäre die direkte Erforschung der Absichten und Intentionen der bei der Bildung des Gesetzes tätig gewesenen Personen, die individuelle (persönliche) Richtung der historischen Methode. Gerade die ablehnende Haltung, welche die Jurisprudenz dieser Richtung entgegenhält (hierüber vgl. oben III 5), ist ein charakteristisches Indiz dafür, daß die Erforschung der empirischen, geschichtlichen Wirklichkeit nicht die einzige Kraft ist, welche die historische Methode beherrscht und ausgestaltet.

Bedeutend tragfähiger erwies sich die soziale Richtung in der geschichtlichen Methode, welche namentlich als dogmengeschichtliche Richtung ihre so großen Triumphe feiert. Die letztere erforscht den Sinn der Rechtssätze durch Darlegung ihrer Entwicklung, also namentlich durch ihre Vergleichung mit dem vorhergegangenen Rechtszustande. Aber sofort äußert sich hiebei eine andere dem juristischen Denken immanente Tendenz, sein konservativer Sinn. Von den beiden am Eingange dieses Kapitels angedeuteten Möglichkeiten, nämlich: daß der neue Rechtssatz dem früheren Rechtszustande gegenüber in Opposition tritt, oder daß er seine Fortsetzung ist, gilt für die geschichtliche Interpretationsmethode die letztere als die sich von selbst verstehende Regel, die erstere als die zu beweisende Ausnahme. Die geschichtliche Methode der Erforschung des Gesetzessinns arbeitet mit der Präsumtion (und darin liegt der größte Teil ihrer Fruchtbarkeit), daß, so weit sich nicht ein anderer wirklicher Wille des Gesetzgebers nachweisbar kundgibt, seine Willensäußerungen im Sinne der Aufrechterhaltung der bisherigen Zustände [3] (bisherigen Praxis, sozialen Machtverhältnisse u. s. w.) auszulegen seien. Diese Prämisse ist uns so geläufig, daß wir uns ein anderes Vorgehen

---

[3] Der Jurist sagt gewöhnlich (indem er geneigt ist, immer das Regelnde, nicht das Tatsächliche zu etrachten) „Rechts"-Zutände, was zu eng ist. Vgl. oben Anm. 25 zu II 4b

kaum denken können, sie entspricht auch regelmäßig, aber
keineswegs notwendig und immer den realen (geschichtlichen)
Geschehnissen. Man denke z. B. an jene von den Ideen der
französischen Revolution oder sonstigen reformatorischen Ideen
begeisterte Herrscher, deren Gebote viel eher im Lichte der
neuen unverwirklichten Ideen als im Sinne der Aufrechterhaltung
der bisherigen Zustände historisch auszulegen wären, wenn der
ihnen wirklich zu Grunde liegende Vorstellungsgehalt ent-
scheidend sein sollte. Aber der „Gesetzgeber", dessen Willen
der Jurist ermittelt, ist keine reale Person, und wird von
ihm immer als konservativ vorgestellt: in seinem Willen wird
immer, soweit er nicht einen auf Änderung abzielenden Ent-
schluß deutlich bekanntgegeben hat, die Aufrechterhaltung des
Bestehenden als gelegen betrachtet. Es ist dies auch ganz klar,
wenn man die enge Verbindung des Rechtslebens mit dem
Staate berücksichtigt; der Staat, wie jede große Organisation,
muß seinem Wesen nach konservativ sein. (S p e n c e r Einführung
in die Soziologie.)

Der große Teil des juristischen Takts besteht in der
intuitiven Aufrechterhaltung der bisherigen sozialen Zustände;
eine Auslegung, die an dem Hergebrachten am wenigsten rüttelt,
hat — um einen alten Ausdruck zu gebrauchen — fundatam
intentionem für sich. Wer hingegen durch neue — scheinbar
noch so stringente — Schlüsse und Konstruktionen eine
Neuerung, eine Verschiebung der bisherigen Machtverhältnisse
herbeiführen will, denkt in der Regel unjuristisch.

B i s m a r c k hat in der Parlaments-Sitzung vom 9. Mai 1884
— um die Mehrheit zur Annahme der sozialpolitischen Reformen
zu bestimmen — aus gewissen Bestimmungen nachzuweisen
gesucht, daß das Recht auf Arbeit schon im preußischen
Landrechte gewährleistet sei. Den Mangel an Logik wird wohl
einem Bismarck niemand vorhalten können, daß er aber u n-
j u r i s t i s c h dachte, steht fest. Das Unjuristische lag in der
ungeheuren Umwälzung, die seine Interpretation verursachen
würde.

Ebenso könnten wir auch, ohne einen l o g i s c h e n Fehler
zu begehen, auf Grund der Bestimmungen des österreichischen
Heimatsrechts (Ges. 3. Dez. 1863 [R 105] §§ 22, 24, 25, 26)
beinahe die Wirkung einer allgemeinen Gütergemeinschaft der
Gemeindegenossen herbeiführen. Man könnte sagen: als „not-
wendiger" Unterhalt, zu dessen Leistung die Gemeinde ihren
Mitgliedern gegenüber verpflichtet ist (falls ihnen solcher Unterhalt mangelt), ist der nach den Grundsätzen der modernen
Hygiene zur Erhaltung der körperlichen und geistigen Gesundheit notwendige anzusehen. Man kann aus diesem — logisch
wohl schwerlich zu bekämpfenden — Prinzipe die Pflicht der
Gemeinde deduzieren, die ärmeren Mitglieder unter Umständen
in klimatische Kurorte, Bäder zu schicken, für entsprechende

Fleischnahrung zu sorgen u. s. w. Daß dies unjuristisch wäre, ist aufliegend, das Unjuristische läge in der hiedurch notwendig werdenden ungeheuren Heranziehung des besitzenden Teils der Bevölkerung.

Ebenso wäre es in manchen Fällen vielleicht nicht unlogisch, aber sicher unjuristisch, den Geldmangel als einen Grund hinzustellen, der nach dem Grundsatze „impossibilium nulla est obligatio" den Schuldner von der Erfüllung seiner Verbindlichkeit ganz oder bloß zeitweise befreit u. s. w., u. s. w.

Bei den über die Bedeutung der dogmengeschichtlichen Richtung herrschenden Ansichten tut es aber weniger not, die große Bedeutung des konservativen Sinns im juristischen Denken vor die Augen zu führen, als vielmehr daran zu erinnern, daß der auf die Vergangenheit gerichtete Blick des Juristen doch nicht stets die juristische Wahrheit entdeckt, daß — abgesehen von den immer neu sich bildenden Erscheinungen, für die sich in der Vergangenheit kein Vorbild finden läßt — auch sonst die in der historischen Methode sich geltend machende Tendenz durch andere niedergehalten werden kann. Die entgegengesetzte Auffassung setzt ein Volk oder wenigstens einen Richterstand voraus, der in seiner Entwicklung stationär, in seinen Gefühlen von unbedingter Unterwürfigkeit unter die Tradition beseelt ist. Fehlt diese Voraussetzung, so wird immer das mit der geschichtlichen Forschung verbundene Zurückgehen auf das menschliche, allzumenschliche, jedem Gesetze vorausgehende Getriebe zwar seinen Inhalt füllen, aber ihn auch zum Teile jenes Nimbus entkleiden, welchen ein klarer Befehl des Rechts vor jeder anderen noch so klugen Lebensregel voraus hat, welcher das Recht dem Staatsbürger, Untertan, Richter und Beamten als den über jede Diskussion und Kritik erhabenen Willen der höchsten Autorität erscheinen läßt.

Immer besteht daher ein gewisser Sättigungspunkt, über welchen hinaus der durch die Betrachtung der Zustände der Vergangenheit gewonnene Sinn einer Gesetzesstelle nicht mehr die durchschlagende Kraft eines Rechtssatzes hat. Der Grad der Zulässigkeit der Berücksichtigung desjenigen, was h i n t e r dem Gesetze steckt, bei der Erforschung juristischer Wahrheit ist je nach der Ehrfurcht vor der Tradition, je nach der Raschheit der Entwicklung eines Volks verschieden — ins Uferlose geht er niemals.

Es wurde schon besprochen, daß die individuelle (persönliche) Richtung dieser Forschung wegen der großen damit verbundenen Autoritätseinbuße nur in sehr beschränktem Maße im juristischen Denken verwendbar ist.

Dieselbe Erscheinung zeigt sich, wenn auch b e d e u t e n d s c h w ä c h e r, in der dogmengeschichtlichen Richtung. Ein unverkennbares Symptom ist die ungleiche Empfänglichkeit der Theorie und der Gerichtspraxis für diese Methode. Die letztere macht relativ seltener einen bewußten Gebrauch von derselben, ihre Hauptdomäne bleibt die Theorie, offenbar deshalb, weil die Gerichtsjudikatur viel empfindlicher für die mit einer historischen Begründung des Urteils verbundene Autoritätseinbuße ist. Wie könnte z. B. ein Richter zu seinem Urteile auf dem Wege einer so unnachsichtigen und umfassenden Kritik gelangen, wie sie von Unger in seinem System des österr. Privatrechts am bürgerlichen Gesetzbuch geübt wird? Ein Beispiel: Unger weist im § 104 seines Systems durch geschichtliche Forschung nach, daß der Begriff der Verjährung, wie ihn der § 1451 bGb. aufstellt, lediglich ein durch kein logisches Band verbundenes „willkürliches Kollektivum" verschiedener Institute (Klagsverjährung, usucapio libertatis, Verjährung der Servituten durch nonusus, Ersitzung u. s. w.) ist, welches seine Entstehung einer irrtümlichen Auffassung der römischen Quellen (des Ausdrucks „praescriptio") verdankt. In der Folge ist Unger naturgemäß bestrebt, die einzelnen auf die Verjährung bezughabenden Sätze auf das ihnen (historisch) zugehörige Gebiet einzuschränken, zu spezialisieren, zu differenzieren. So richtig seine hiedurch gewonnenen Urteile sein können, so wird doch der praktische Richter — auch wenn er sie rezipiert — nach Möglichkeit vermeiden, die ihnen beigegebene historische Begründung seinen Urteilen beizusetzen, weil er schwerlich ein geltendes Gesetz zur Frucht eines Irrtums, einer Ungründlichkeit u. s. w. stempeln kann, ohne die Autorität seines eigenen Urteils zu erschüttern.

Er wird eine andere Begründungsart, z. B. die systematische, vorziehen.

Das Hauptgebiet der bewußten historischen Forschung bildet die Theorie, deren Ergebnisse in die Praxis oft nur indirekt einwirken. Allerdings auch in der Gerichtsjudikatur kann sich der dem juristischen Denken eigentümliche konservative Zug nicht verleugnen. Er nimmt aber andere Formen als die bewußte geschichtliche Forschung an: so äußert er sich z. B. in der steten Anlehnung an Präzedenzfälle und Präjudikate. (S. Thöl Einl. in d. deutsche Privatrecht § 54 und Handelsrecht § 14.)

V. Die Materialien der Projektion.

1. Allgemeines.

Die Projektion ist nicht bloß Ermittlung des gesetzgeberischen Willens, sie ist mehr. Die Begriffe des Rechts bilden bloß die Anhalts- und Konvergenzpunkte, an welche durch Projektion neue, in diesen Begriffen nicht schon vorgestellt gewesene Erscheinungen (Übergangserscheinungen) angegliedert werden. In noch erhöhtem Maße gilt dasselbe von der Analogie. Durch welches Mittel geschieht nun diese Verbindung?

Woher nimmt die Projektionstätigkeit die zur Entscheidung, ob eine Übergangserscheinung diesem oder jenem (angrenzenden) Begriffe anzugliedern ist, notwendigen Verbindungsmittel, Materialien? Sie liegen außerhalb des gesetzgeberischen Willens. Vermöge des synthetischen Charakters der Projektion müssen sie entweder in der Erfahrung oder in einem Affekte (der über eine Voraussetzung täuscht oder sich uns hinwegsetzen läßt) gelegen sein. Dies alles wurde schon oben (III 3 u. ff.) angedeutet, im übrigen die Frage nach den Materialien der Projektion ausdrücklich als offen bezeichnet. Sie tritt jetzt an uns heran.

Ich gestehe, daß ich die Frage nur sehr unvollständig beantworten werde. Ihre vollständige Beantwortung: eine genaue logische Erfassung und gegenseitige Abgrenzung der Mittel der Projektion (und Analogie) muß eben eines der letzten Ziele der Lehre vom juristischen Denken bleiben, ein Ziel, das eine positive, beschreibende und vergleichende Arbeit voraussetzt, die wegen der Mannigfaltigkeit des Rechtslebens weit über den Rahmen dieser Studie hinausreicht.

Ich werde mich darauf beschränken, die Hauptgebiete der sozialen Erscheinungen, aus welchen jene Materialien (wenigstens zum großen Teile) herrühren, im allgemeinen zu bezeichnen, und einige markante Wege studieren, durch welche diese Erscheinungen sich Eingang in das juristische Denken verschaffen, d. h. seine Ergebnisse beeinflussen. Hiedurch wird wenigstens die Möglichkeit und das Vorhandensein solcher Beeinflussungen ins Helle gerückt werden und überdies manche charakteristische Eigentümlichkeit des juristischen Denkens klarer hervortreten.

Hiebei werde ich — wie im vorigen Abschnitte — die dynamische Darstellungsweise und Nomenklatur beibehalten, d. h. im allgemeinen von Kräften, Einflüssen (z. B. ethischen Einflüssen) statt von ebensolchen Methoden, Prämissen u. s. w. sprechen, welch letztere (logische) Terminologie ohne — manchmal voreilige — logische Definitionen und gegenseitige Abgrenzungen undenkbar wäre.

Diese Vereinfachung scheint mir um so berechtigter zu sein, als selbst innerhalb der anscheinend logisch genau durchgebildeten Methoden im juristischen Denken, der systematischen und historischen, sich Willensströmungen gezeigt haben, welche diese Methoden über die rein logische Erkenntnis der Wahrheit hinausdrängen und teilweise als Tendenzen erscheinen lassen.

In einem besonderen Kapitel (V 4) wird übrigens die Stellung der Materialien der Projektion (ob Willensströmungen oder ob Tatsachen) besprochen werden und werden wir dort auch dem am Schlusse in III 2 berührten Phänomen nähertreten.

2. Das Verhältnis des juristischen Denkens zu ethischen Einflüssen.

Die Jurisprudenz ist, wenigstens in erster Linie,[1] eine normative (teleologische) Wissenschaft.

Dem Juristen liegt nicht die Frage vor: was ist? sondern: was hat zu geschehen?

Während in explikativen Wissenschaften die Wirklichkeit sofort die Probe der Richtigkeit ihrer Denkprozesse abgibt, fehlt es an solchem Maßstabe der Richtigkeit bei allen normativen Wissenschaften.

Aus dem Umstande, daß etwas nicht geschieht, folgt noch nicht, daß es nicht geschehen soll. Für die Frage eben, ob etwas geschehen soll, ist die Stärke des Verlangens (des darauf gerichteten Willens) in erster Linie maßgebend, im Rechtsleben die Autorität, deren sich ein Rechtssatz erfreut, und seine Kraft, sich die Erscheinungen des Lebens zu subordinieren. Im individuellen Leben hat das Verlangen die Form eines Affekts oder Entschlusses, wird eine solche Willensrichtung aber allgemein und konstant, so nimmt sie die Form eines Wertungsprinzips an. Während einem Physiker, Botaniker, Astronomen alle Erscheinungen gleichwertig sind und es ihm nicht einfiele, die einen den anderen vorzuziehen, bewirkt es die Macht des sozialen Wollens, daß man in anderen Wissenschaften immer das Tatsächliche bewertet, das eine bevorzugt, das andere in verschiedensten Formen verpönt. Diese Wertungen bildeten sich zu verschiedenartigsten Systemen heraus, wie das System der Moral, der Sitte (des Anstands), der Mode, der Etikette, der Umgangsformen, der (ritterlichen) Ehre, der Nützlichkeit in verschiedenen Arten u. s. w. Diese Wertungen füllen den größten Teil unseres Denkens aus. Sie vollziehen sich zum großen Teile beinahe automatisch durch den Einfluß der Sprache: Einzelnen Worten haftet nebst ihrem eigentlichen logischen Gehalte, nebst ihrer Fähigkeit, eine Gruppe von Erscheinungen zu bezeichnen, noch überdies eine anerkennende oder abfällige Wertung als besondere Färbung an, und dieser Teil ihrer Bedeutung kann auf ihren logischen Gehalt zurückwirken. Je nach unserer Empfindlichkeit für gewisse Wertungen empfinden wir dieselbe Erscheinung bald als noch zweckmäßig, bald als schon unzweckmäßig, bald als Sparsamkeit, Selbstbewußtsein, Festigkeit, gegründeten Nutzen, notwendige Verteidigung der Ehre, Schlichtheit des Umgangs oder umgekehrt als Geiz, Stolz, Starrköpfigkeit, Ausbeutung, Revanchesucht, Unhöflichkeit u. s. w., und ziehen die entgegengesetzten Konsequenzen, ohne zu bemerken, daß schon bei jener ersten Bezeichnung eine gewisse Willkürlichkeit, eine Funktion unserer Willensrichtung, nicht bloß unseres Erkenntnisvermögens mitbestimmend war.

---

[1] Vgl. aber oben die Ausführungen in I 2 B und III 1.

In dieses Gewirr von verschiedenartigsten normativen Wertungssystemen greift nun das Normensystem des Rechts gleichfalls als Ausdruck einer gewissen Willensrichtung mit einer, wenn auch bei weitem überwiegenden, so doch nicht ungemessenen. Kraft ein.[2]

Schon aus dem Umstande, daß es gleich den anderen selbst ein Willensprodukt ist und auf Willen einzuwirken bestimmt ist, schon daraus, daß es sich der Sprache bedienen muß, jener Sprache, in der so manches Wort ohne Änderung seines eigentlichen logischen Gehalts, doch mit Rücksicht auf die in ihm als Oberton mitklingende soziale Wertung, so verschiedentlich angewendet werden kann, ergibt sich die Unwahrscheinlichkeit, daß die Anwendung der formulierten Rechtssätze sich unabhängig von den anderen sozialen Wertungssystemen vollziehen würde. Dies wird noch unwahrscheinlicher, wenn man bedenkt, daß unter jenen Wertungssystemen sich solche befinden, die mit dem Rechte ihrem Ursprunge nach identisch, ihrem Wesen nach so verwandt sind, daß sich sehr oft die Scheidelinie zwischen ihnen nicht durchziehen läßt. In erster Linie gilt dies von dem Wertungssysteme, das uns die Moral gibt.

Die Unterscheidung zwischen den Geboten des Rechts, der Moral und Sitte (Übung), wie sie ein Inventarstück des modernen Bewußtseins ist, ist keineswegs ursprünglich.

Bei den Griechen waren diese drei Arten der Wertung noch undifferenziert vereinigt: ἄδικος, δίκαιος waren Bezeichnungen, die sich gleichmäßig auf alle drei Seiten bezogen. Δίκαιος war der Gerechte, der sittlich und der Volkssitte entsprechend Lebende. Allmählich sonderte sich aus dieser allumfassenden Sitte eine zwingendere Lebensnorm: das Recht, das immer weitere Interessenkreise in seinen Bereich zieht (so in neuester Zeit den Arbeitsverkehr), während die Sitte sich immer mehr auf geistige Interessen beschränkt.

Bei den Römern tritt uns diese Zweiteilung schon klar entgegen: das Wertungssystem des Rechts (jus, fas) hebt sich von anderen Normen scharf ab. Die Sitte und Sittlichkeit (zum Teile selbst das Gewohnheitsrecht) blieb noch ununterschieden mit dem Worte mores bedeckt. Die Dreiteilung, wie wir sie jetzt besitzen, die Herausbildung der bewußten Unterscheidung der sittlich indifferenten Sitte neben der Sittlichkeit (Moral) und dem Rechte ist erst ein neueres Produkt der Kulturgeschichte (nach I h e r i n g Zweck im Rechte, W u n d t Ethik I. Abschn. Kap. 3).

Eine Folge der Verwandtschaft im Ursprunge ist das Ineinanderfließen dieser Wertungssysteme. Man hat viel gesucht

---

[2] Vgl. F r e n z e l Recht und Rechtsätze, Leipzig 1892, Seite 77.

und sucht noch heute nach einem einheitlichen Kriterium, wodurch die Rechtsregeln sich von sittlichen (und anderen) Grundsätzen unterscheiden. Inhaltliche (materielle) Kriterien aufzustellen,
ist von vornherein unmöglich, denn die Materien sind zum großen
Teile identisch. Es versagen aber zum Teile selbst formelle
Unterscheidungsmerkmale, so z. B. dasjenige des „Zwangs", mit
dem die Rechtsregeln umgürtet sind, oder ihrer „unbedingt verpflichtenden Kraft", da auch moralische Regeln, die äußere [3] Beziehungen beeinflussen, durch einen sehr starken Druck oft geschützt
werden, während manche Rechtspartien (Völkerrecht, großer
Teil des Staatsrechts) des Zwangs entbehren, und da manche
sittliche Gebote, z. B. das Gebot, die Eltern zu lieben, mindestens
ebenso unbedingt verpflichtend sind, wie das Gebot, Steuern zu
zahlen. Oft liegt es sehr an der Schneide, ob man ein System
von Regeln dem Rechte oder der Moral anreihen soll. So
negirt beispielsweise Unger den rechtlichen Charakter der reinen
Personenrechte, die aus dem Familienverhältnisse entspringen
(System § 60), und weist sie der Sittlichkeit zu; so wäre es
schwer zu entscheiden, ob die Pflicht des Beschenkten, Undank
zu vermeiden, eine (bloß) sittliche oder auch eine Rechtspflicht
ist (Schenkungswiderruf) u. s. w. Bei diesen Verhältnissen ist
es sehr naheliegend und erklärlich, daß ethische Einflüsse bei
der Projektion in das juristische Denken herüberspielen, daß sie
Anhaltspunkte für dieselbe abgeben, mag man auch nicht so weit
gehen, wie manche Lehrer der Ethik, welche verlangen, daß bei
der Auslegung des Rechts die Sittlichkeit i m m e r den Aus-
schlag gebe. [4]

    In der Tat lassen sich solche Einwirkungen nicht schwer
nachweisen. [5]

---

    [3] Gareis Encykl. § 5 sucht die Grenze zwischen Recht und Moral
darin, daß ersteres auf äußere Beziehungen, letztere auf (innere) Gesinnung
einwirken.
    [4] So Wundt Ethik III. Abschn. 4. Kap. „Der Zweck des Rechts kann
nur als ein sittlicher gedacht werden. Wenn dies in den einzelnen Formulierungen nicht direkt gesagt zu werden pflegt, so ist es doch indirekt darin
ausgedrückt, daß für jede Interpretation von Rechtssatzungen die Voraussetzung als allgemein giltig anerkannt wird, der Wille des Rechts dürfe nie
als ein mit den allgemeinen sittlichen Normen in Widerstreit liegender angesehen werden". — Vgl. auch Savigny System des heut. röm. Rechts
§ 15, wo er als Aufgabe alles Rechts die Verwirklichung der christlich-
sittlichen Bestimmung der Menschen ansieht.
    [5] Ich sehe hier ab von einer offenen und b e w u ß t e n Rezeption des
Systems der ethischen Grundsätze oder eines Teils derselben in ein Gesetzbuch, welche dann bewirkt wird, wenn das Gesetzbuch selbst den
Richter anweist, im gewissen Umfange nach der „guten Sitte" u. s. w. zu
urteilen. Vgl. hierüber Steinbach (Moral als Schranke des Rechtserwerbs
und der Rechtsausübung), welcher übrigens (nach dort zit. Lotmar) die
Einwirkungen der Moral auf die Rechtsanwendung nur als n e g a t i v e bezeichnet, nämlich als darin bestehend, daß „das Recht das Aufgebot seiner
Machtmittel verweigert, wo dasselbe auf Grund eines Vorgangs beansprucht
wird, den die Moral mißbilligt".

So ist z. B. im Strafgesetze das sogenannte außerordentliche Milderungsrecht der Strafen (§ 54 StG ex 1852) als wirklich außerordentliches gemeint und auch stilisiert worden. Nichtdestoweniger wurde seine Anwendung so regelmäßig, daß jetzt umgekehrt die Strafbemessung innerhalb gesetzlicher Grenzen zur Ausnahme herabsank. Die Milderung der ethischen Auffassungen bewirkte eine erhöhte Wertung der Strafmilderungsgründe und in der Folge eine so viel weitere Projektion der entsprechenden Begriffe, als welche im Jahre 1852, respektive 1803 intendiert war.

Ich nehme einen konkreteren Fall:

A flüchtet sich während eines Gußregens in einen Hausflur, wo er trotz des Verbots des Besitzers B den ärgsten Regen überwartet. Wir würden die von B angestrengte Besitzstörungsklage höchstwahrscheinlich abweisen, indem wir irgend ein projektionsfähiges Erfordernis der Klage (z. B. die „Eigenmacht" des Vorgehens des A) als fehlend annehmen würden. Daß ein treibendes Motiv dieser Aburteilung auch die tiefe Wertung ist, die wir der grundlosen Härte des B entgegenbringen müssen, empfinden wir sofort, wenn wir uns denken, es sei die Privatwohnung des B gewesen, in die A von der Straße aus sich geflüchtet hat und die er trotz der Aufforderung nicht verlassen wollte. Der Besitz der Wohnung ist kein anderer als der Besitz des Hausflurs, aber trotzdem würden wir da viel eher die Besitzstörungsklage des B als gegründet ansehen. Denn in diesem Falle fällt ein anderes ethisches Motiv: die Hochschätzung des Hausrechts, in die entgegengesetzte Wagschale und läßt uns das Vorgehen des A, der dasselbe, um der Unannehmlichkeit des Naßwerdens zu entgehen, nicht respektierte, viel tiefer einschätzen. Diese Änderung setzt keineswegs voraus, daß wir uns der treibenden ethischen Kräfte wirklich voll bewußt werden, und verschafft sich in dem juristischen Denken in der Form der entsprechend akkommodierten Projektion eines Begriffs, z. B. der „Eigenmacht des A", Geltung.

Zuweilen unterschiebt das sittliche Wollen eine selbständige, zur Schlußfolgerung nötige Zwischenprämisse, die wir eben, weil sie von uns ethisch verlangt wird, als selbstverständlich behandeln, ja ihrer gar nicht gedenken. So folgert z. B. Pfaff-Krainz System des österr. Privatrechts § 13 Anm. 6 aus dem § 166 bGb., der den unehelichen Kindern das Recht zuspricht, von ihren Eltern Versorgung zu beanspruchen, „daß auch eheliche Kinder von ihren Eltern Versorgung fordern können", obwohl ihnen das Gesetz dieses Recht nirgends ex offo zuspricht.[6] Pfaff-Krainz bezeichnet diese Schlußfolgerung als „conclusio a minori ad majus". Aber die Begriffe „uneheliche

---

[6] Auch im § 1220 bGb., von welchem übrigens Pfaff-Krainz nichts erwähnt, nicht.

Kinder" und „eheliche Kinder" stehen zueinander in keinem
Verhältnisse eines Teils zum Ganzen und überhaupt in keinem
Größenverhältnisse, weder das eine, noch das andere ist ein
minus oder majus. Dieser Schluß wird vielmehr nur dadurch
ermöglicht,[7] daß eine verdeckte Prämisse dazwischen getreten
ist, etwa: „die ehelichen Kinder dürfen nicht weniger Rechte
haben als uneheliche", eine Prämisse, die in der ethischen Hoch-
haltung des Instituts der Ehe ihren Ursprung hat, so daß die
überzeugende Kraft jenes Schlusses keineswegs in seiner
logischen Stringenz, sondern in der Stärke der Willensrichtung
liegt, die uns die Ehe höher als freie geschlechtliche Verbin-
dungen werten läßt.

Auch der Einfluß anderer Wertungssysteme — außer der
Moral — ist, wenn auch bedeutend schwächer, zu konstatieren.
Die Bezeichnung jemandes z. B. als Denunziant wird zweifelsohne als Ehrverletzung angesehen werden. Aus dem Rechte
allein wird sich diese Auffassung in keiner Weise deduzieren
lassen. „Denunzieren" ist doch nichts anderes, als wahrgenommene
verdächtige oder gesetzwidrige Tatsachen zur Kenntnis kom-
petenter Stellen bringen: ein vom Standpunkte des Rechts
höchst löbliches, manchmal sogar gebotenes Beginnen. Weshalb
wird also der Begriff Ehrenbeleidigung (oder eines der in seiner
Definition enthaltenen Begriffe) auf den Zuruf „Denunziant"
projiziert? Die herkömmliche, vielleicht noch aus den Zeiten des
antiken Sykophantentums herrührende tiefe Wertung, welche
das soziale System der (ritterlichen) Ehrbegriffe der Denunziation
entgegenbringt, stellt das Bindeglied her. Ändert sich diese
soziale Wertung, so kann — trotz der ganz unveränderten
gesetzlichen Vorschrift — diese „Projektion" entfallen.

3. Das Verhältnis des juristischen Denkens zu den ökonomischen Erscheinungen.

Ein eigentümliches Verhältnis verknüpft das Recht mit
den Erscheinungen des wirtschaftlichen Lebens. Scheinbar bilden
die letzteren nur ein träges, unselbständiges, vom Rechte nor-
miertes und geregeltes Material des Rechts. Die ökonomischen
Erscheinungen, wie Kauf, Tausch, Geld, Handel, Kapital, werden
— dieser Standpunkt ist dem Juristen geläufig -- vom Rechte
willenlos beherrscht. Das Recht setzt fest, was Geld ist, was
beim Kaufe und Tausche gilt, wie der Handel betrieben werden
soll u. s. w. Es ist ein Verdienst der neueren Sozialwissenschaften, den Nachweis geliefert zu haben,[8] daß jene vollstän-

---

[7] Pfaff-Hoffmann schreibt diesen Schluß der Einwirkung des
juristischen Takts zu.

[8] Wie vollständig früher das Bewußtsein jedweden Zusammenhangs
des Rechts mit den sonstigen Seiten des sozialen Lebens fehlte, beweist
z. B. der folgende Satz (Voltaire Traité de metaphysique, aus dem Jahre
1786, Bd. 32 Seite 68): „La plupart de lois se contrarient si visiblement,

dige Abhängigkeit der wirtschaftlichen Erscheinungen von unseren Anschauungen über das Recht nur in engen Grenzen das Wesen der Sache trifft, sonst aber nur scheinbar ist, — daß umgekehrt das ökonomische Moment das mächtigere ist und daß die Rechtssätze oft (die materialistische Schule sagt „immer") nur die Sanktion und der Ausdruck einer gewissen ökonomischen Struktur der Gesellschaft (namentlich der Produktionsbedingungen) sind. Tausch, Kauf, Handel, Geldzirkulation würden nicht aufhören, sich in ähnlichen Formen wie jetzt fortzubewegen, wenn man plötzlich alle gesetzlichen Bestimmungen darüber aufheben würde. Auch die Jurisprudenz erkannte, daß auch in den Rechtssätzen, die scheinbar nichts Wirtschaftliches an sich tragen,[9] als Kern ein ökonomisches Interesse (Rechtsgut) des Volks oder einzelner Volksteile steckt, das sich oft in schwer zu durchblickende Formen verhüllt, aus dessen Werte und Bedeutung aber der Rechtssatz selbst sein Leben schöpft. Dieser Zusammenhang wird größtenteils bis zur Bildung eines formulierten Rechtssatzes, nicht aber weiter bis in die Rechtsanwendung hinein verfolgt. Es scheint aber unzweifelhaft zu sein, daß diese Einwirkungen der ökonomischen Verhältnisse tief in die Anwendung des formulierten Rechts hineinragen, daß insbesondere sich in der Rechtsanwendung eine — der oben IV 3 besprochenen analoge — Tendenz der Aufrechterhaltung der wirtschaftlichen Machtverhältnisse, der Hintanhaltung grundloser Verschiebungen geltend macht und bewirkt, daß sich die Projektion nach Möglichkeit an die durch die ökonomische Struktur der Gesellschaft gezogenen Linien hält.

Es ist das dieselbe Tendenz, die in mancher Rechtsregel sich schon partielle Anerkennung verschaffte, z. B. in jener des § 915 al. 1 bGb., und welche die Seele des noch zu streifenden Ventilbegriffs „causa" ist.

Sie läßt sich auch sonst — wenn sie auch in ungemein verhüllten Formen auftritt — unzweifelhaft nachweisen. Hier einige Beispiele:

§ 1161 bGb. bestimmt: „Nur in dringenden Umständen kann der bestellte Arbeiter oder Werkmeister das ihm aufgetragene Geschäft einem andern anvertrauen und selbst in diesem Falle haftet er für ein Ver-

---

qu'il importe asser peu par quelles lois un Etat se gouverne; mais ce qui importe beaucoup c'est que les lois une fois etablies soient executées. Ainsi il n'est d'aucune conséquence, qu'il y ait telles où telles règles pour le jeux de cartes; mais on ne pourra jouer un seul moment, si l'on ne suit pas à la rigueur ces règles arbitraires, dont on sera convenu." — Der Herausgeber Voltaires opponiert gegen diesen Satz mit der naturrechtlichen Begründung: „Nous croyons au contraire, qu'il ne doit y avoir presque rien d'arbitraire dans les lois. La raison suffit pour nous faire connaître les droits des hommes."

[9] So z. B. im Grundsatze: ignorantia juris nocet, oder in dem Prinzipe des Parteienbetriebs im Prozesse. Vgl. darüber A. Menger Das bürgerliche Recht und die besitzlosen Klassen.

schulden in der Auswahl der Person". Diese Bestimmung entspricht ihrem
ersten Sinne nach der ökonomischen Struktur der heutigen Gesellschaft
nicht, sie negiert die Einheit der wirtschaftlichen Unternehmungen, z. B.
einer Fabrik, erschwert den wirtschaftlichen Verkehr Dritter mit diesen
Unternehmungen a l s s o l c h e n und stellt so die Vorteile der volkswirtschaftlichen Arbeitsteilung in Frage. In bewußter Erfassung dieser drastischen Nachteile schränkt die Praxis obige Bestimmung auf ein unschäd-
liches Minimum ein, sie faßt insbesondere das Wort „einem andern" so
auf, daß die Hilfspersonen (Arbeiter, Gesellen, Gehilfen) des Unternehmers
keine vom Unternehmer verschiedene Personen sind, sie seien nicht die
„anderen" im Sinne obiger Bestimmung, „die Handlungen des Gehilfen
(sind) juristisch als eigene Handlungen des Arbeitnehmers im Verhältnisse
zum Besteller zu betrachten" (S t u b e n r a u c h Komm. zu § 1161), da er an
ihnen teilgenommen hat (§ 1313 bGb.). Daß dies nicht der natürliche und
wohl auch nicht der historische Sinn obiger Stelle ist, daß, wenn die Verfasser des bGb. an diese Unterscheidungen gedacht und sie zu machen
beabsichtigt hätten, sie es wohl i r g e n d w i e angedeutet hätten, erhellt
wohl zur Genüge. Man ersieht aber daran, wie die „Interpretation" sich
an die durch ökonomische Struktur der Gesellschaft gezogenen Linien
anschmiegt, und daß dieser Umstand, nicht die Erkenntnis eines positiven
gesetzgeberischen Willens, den Grund jener Einschränkungen bildet.

Nach S t u b e n r a u c h s Kommentar zu § 440 bGb.[10] (Ausgabe
ex 1898) setzt „der § 440 bGb. nicht voraus, daß der die
Intabulation (bücherliche Einverleibung) erwirkende Erwerber
einer Liegenschaft von ihrer früheren Überlassung an einen
anderen k e i n e Kenntnis hatte". Diese Frage ist im übrigen
streitig. Unzweifelhaft und über allen Streit weit erhaben ist
diese Frage in der Praxis gewisser Länder und Bezirke,
z. B. in Galizien, und zwar ist sie es in einem der historisch
plausibelsten Bedeutung des § 440 bGb. und der S t u b e n-
r a u c h'schen Ansicht e n t g e g e n g e s e t z t e n Sinne. Warum?
In diesen Ländern ist der Tabularstand nicht geordnet,
der wirtschaftliche Grundbesitzstand fällt mit dem grund-
bücherlichen sehr oft nicht zusammen[11] und würde bei dieser
Diskrepanz die Anklammerung an den letzteren sehr oft wirtschaftlich ganz unbegründete Verschiebungen bewirken. Die
lebendige Anschauung dieser Verhältnisse und der Wille, diese
Verschiebung hintanzuhalten, sind offenbar diejenigen Kräfte,
welche hier die S t u b e n r a u c h'sche Lösung ganz unannehmbar
erscheinen lassen.[12]

Nach der oberstgerichtlichen Entscheidung vom 3. Jän.
1899 G. U. 459 (n. F.) begeht der Vermieter keine Besitzstörung, wenn er, um sein gesetzliches Pfandrecht an den

---

[10] Derselbe lautet: Hat der Eigentümer ebendieselbe unbewegliche
Sache zwei verschiedenen Personen überlassen, so fällt sie derjenigen
zu, welche früher die Einverleibung angesucht hat.

[11] Viele Besitzer körperlich ausgeschiedener Gründe sind bloß als
Miteigentümer der ursprünglichen (größeren) Tabularkörper angeschrieben.

[12] Die Form gibt aber in der Regel die Absprechung der Redlichkeit dem neuen Erwerber ab, — e i n e p e t i t i o p r i n c i p i i, da man eben
erst die Frage entscheiden soll, ob der erste (physische) oder der zweite
(bücherliche) Erwerber das stärkere Recht erwirbt, und wessen Vorgangsweise den anderen widerrechtlich beeinträchtigt.

invecta et illata zu erhalten, den Mieter behindert, seine Mo-
bilarstücke aus der Wohnung wegzubringen, dies selbst dann
nicht, wenn die Mietzinsrate noch nicht fällig ist, denn er befindet sich im Besitze des Pfandrechts und seine Handlung ist
nicht eigenmächtig. Diese Entscheidung ist zwar ein wenig
kühn, sie kann aber doch auf Anklang rechnen, denn regelmäßig wird eine solche vorzeitige Wegbringung der Einrichtung
den Zweck haben, den Vermieter um seine Forderung zu
bringen. Denken wir uns aber, daß der Verpächter eines
landwirtschaftlichen Guts seinen Pächter verhindert, die
Früchte dieses Guts zu verkaufen (und zu diesem Zwecke wegzubringen); wir würden zweifelsohne ihm Unrecht geben, obwohl hier dasselbe gesetzliche Pfandrecht aus dem § 1101 bGb.
in Betracht kommt. Aber das Unterscheidende liegt in den
ökonomischen Verhältnissen: beim Pachtbetriebe ist es eben
der normale Wirtschaftsgang, daß der Pächter mit dem für ver-
kaufte Früchte erzielten Gelde den Pachtzins bezahlt, der Jurist
wird es vermeiden, hier die normale Abwicklung des wirtschaftlichen Verhältnisses zu zerstören. Die Form aber für diese
differierende Behandlung würde in diesem Falle eine entsprechende Projektion des Begriffs „eigenmächtig" bilden. Wir
würden dieses Requisit der Besitzstörung beim Verpächter eines
Guts oder beim Vermieter eines Kaufladens, dem es etwa einfiele, seinen Mieter in dem Warenverkaufe zu behindern,
zweifelsohne als gegeben finden.

Es ist interessant, daß die Grundsätze des Handelsgesetzbuchs über die Pflichten des Käufers, der bei einem Distanz-
kaufe Mängel der Ware geltend machen will, von den Gerichten
der Handelszentren etwas strenger gehandhabt zu werden
pflegen als von den ländlichen Gerichten.

Ein Gutsbesitzer hatte bei der Kreditanstalt zu Z ein
Kapital von 20.000 K zu 6% zur ersten Hypothek auf sein Gut
für eine Zeit von 3 Jahren nachgesucht und bewilligt erhalten.
Inzwischen gelang es ihm (der Zinsfuß ist gesunken), sich das
Kapital zu 5% auf anderem Wege zu verschaffen, und er zeigte
sofort der Direktion der Kreditanstalt an, daß er das Kapital
nicht nötig habe und die Kreditanstalt ihrer Verpflichtung ent-
binde. Die Direktion antwortete ihm darauf, er sei verpflichtet,
das Kapital zu 6% aufzunehmen.

Die Lösung dieses Streitfalls wird sich wohl dahin zu-
spitzen, ob der beim Abschlusse dieses pactum de mutuo dando
(vel accipiendo?) als eines Vorvertrags „hervorleuchtende Zweck"
des beabsichtigten Darlehens (§ 936 bGb.) durch Veränderung
der Umstände nicht mehr erreicht werden kann (clausula rebus
sic stantibus), resp. überhaupt, welche Bedeutung jenem Ansuchen
um Darlehensgewährung zukommt. Wer würde dabei verkennen,
daß hier vor allem die Auffassung mitbestimmend sein wird,
die wir von der volkswirtschaftlichen Stellung der Kredit-

anstalten haben. Je mehr wir deren öffentliche Funktion (Vermittlung und Verbilligung des Kredits) im Auge behalten, desto mehr werden wir geneigt sein, uns der Aufoktroyierung eines Darlehens zu widersetzen und zu erklären, die Absicht der Parteien sei dahin gegangen, dem Gutsbesitzer die Möglichkeit zu geben, sich billiges Geld zu verschaffen, und könne dieser Zweck nicht mehr unter den geänderten Umständen füglich erreicht werden. Wir werden aber umgekehrt zu entscheiden geneigt sein, je mehr wir — den privatwirtschaftlichen Standpunkt im Auge behaltend — die Kreditanstalt als eine auf Gewinn losgehende Einzelperson betrachten, oder gar ethische Rücksichten mitspielen lassen, wenn wir z. B. an Stelle der Kreditanstalt eine geschäftsunkundige Frau setzen, die das Anerbieten des Gutsbesitzers freudig annahm, weil sie dadurch der Sorge überhoben wurde, ihr Kapital zu lozieren.

Die Projektion des Begriffs „Zweck des Vorvertrags" und die Ermittlung des Parteienwillens wird aber den formellen Weg für diese Einsickerung der ökonomischen Erwägungen, resp. der entsprechenden, möglicherweise ihrem Grunde nach uns gar nicht bewußten Wertungen bilden.

Noch ein selbständiger Punkt sei hier berührt. Schon oben wurde die enge Verbindung des Rechts mit der staatlichen Organisation hervorgehoben. Im Namen des Staats werden die Rechtssätze formuliert, der Staat wendet sie durch seine Organe an. Es wäre bei diesem Verhältnisse direkt undenkbar, daß ein Rechtssatz durch irgend eine verfehlte Formulierung so angewendet werden müßte, daß er seine Spitze gegen die vitalen Interessen des Staats selbst richten sollte, was zuweilen durch logische Deduktionen, die darauf keine Rücksicht nehmen, sehr wohl geschehen könnte. Jeder Formulierung scheint vielmehr — auch wenn dies nicht gesagt wurde — die Voraussetzung zu inhärieren, daß der formulierte Rechtssatz den Staat selbst nicht angreife. Tatsächlich läßt sich bis ins Privatrecht hinein, wo diese Besorgnis a m   w e n i g s t e n obwaltet, eine Berücksichtigung der Bedingungen des staatlichen Zusammenlebens beobachten.[13]

4. Die Stellung der Projektionsmaterialien in der Einteilung des gesamten Stoffs des juristischen Denkens in Tatsachen und Normen.

Einige ganz simple Wahrheiten[14] bilden den Kern obiger Ausführungen.

---

[13] Vgl. die Entsch. vom 4. Jän. 1899 G. U. 446 (n. F.) Die Exekutionsführung wider den Staat wird bloß deshalb, weil der Staat innerhalb der 14tägigen Paritionsfrist eine Judikatsschuld nicht zahlte, noch nicht als zulässig anerkannt u. s. w.

[14] Das Gebiet ihrer Geltung, insbes. die unten in VI 3 enthaltenen Beschränkungen möge man nicht übersehen, da sie sonst viel zu weit gehend klingen.

Das juristische Denken, insoweit es nicht bloße Ermittlung eines realen, in den Rechtssätzen nachweisbar zum Ausdrucke gelangten Willens und Subsumtion der Tatsachen unter diesen Willen ist (Projektion und Analogie), gliedert die Tatsachen an die Rechtssätze unter Verwendung, respektive unter Beeinflussungen der ethischen, volkswirtschaftlichen, staatlichen und sonstigen allgemein sozialen Erscheinungen, [15] kurzum, unter Berücksichtigung der gesamten Struktur der Gesellschaft an. Infolgedessen kann ein und derselbe Rechtssatz ohne Änderung seiner formellen Geltung und seines logischen Gehalts mit der Änderung der gesellschaftlichen Struktur doch manchmal weiter, manchmal enger projiziert werden, ohne unser Rechtsgefühl zu verletzen.

Jene Einwirkungen der gesellschaftlichen Struktur vollziehen sich in verschiedenartigsten Formen: durch sprachliche Nuancen, durch selbstverständlich erscheinende (und daher manchmal überhaupt nicht bewußt erfaßte) Zwischenprämissen, durch entsprechende Wertungen und Tendenzen u. s. w. (schließlich in der Form der Ermittlung innerer Tatsachen, worüber noch besonders später).

Es wäre ein sehr lehrreiches Experiment, wenn man ein eminent logisch und juristisch begabtes Wesen, welches aber mit unserer Kultur sonst nichts zu tun hätte (z. B. einen Chinesen), auf Grund unserer Gesetze judizieren ließe; die verblüffenden Urteile, zu welchen derselbe gelangte, würden ad oculos demonstrieren, welchen Anteil an der Bildung der Urteile des Richters neben dem logischen Gehalte der Rechtssätze und den einzelnen zu subsumierenden Tatsachen seine gesamte Auffassung der sozialen Welt als dritter Bestandteil besitzt. Ich sage: als dritter Bestandteil und deute damit an, daß ich die Materialien der Projektion weder als Tatsachen, noch als Rechtssätze auffasse, wobei ich das letztere übrigens als selbstverständlich betrachte. Die Frage, wohin sie einzuteilen sind, hat aber nicht bloß systematische Bedeutung, sie bildet vielmehr den Schlußstein, ohne welchen die ganze frühere Darstellung in sich zusammenfallen könnte.

Würde man nämlich die im Richter wirkenden ethischen, volkswirtschaftlichen und sonstigen Vorstellungen als Kenntnis gewisser (etwa notorischer) Tatsachen, als bloße Erfahrung hinstellen können, so wäre es nicht vorstellbar, wodurch sich die Projektion von der Subsumtion unterschiede. Man könnte z. B. den drastischesten Fall der Projektion, nämlich den Fall, wo derselbe Rechtssatz einmal auf eine Tatsache projiziert wird, einmal nicht in der

---

[15] Wollte ich die dynamische Betrachtungsweise bis zur bildlichen Darstellung treiben, so würde ich sagen: „es bewegt sich auf den durch die Autorität des Rechtssatzes einerseits und diese Kräfte andrerseits geschaffenen Linien des geringsten Widerstands als Resultante fort".

Weise zu erklären suchen: Jede Tatsache muß im Zusammenhange mit der gesamten übrigen Tatsachenwelt begriffen werden.
Ändert sich etwas an diesem Milieu, z. B. die volkswirtschaftliche
Struktur oder die ethischen Ansichten der Gesellschaft, so ist die
scheinbar identische Tatsache (Handlung, Sache) jetzt in Wirklichkeit eine andere, da ihr unter den geänderten tatsächlichen
Verhältnissen eine ganz andere Bedeutung zukommt. Sie kann
daher ganz wohl einmal subsumiert, zu einer anderen Zeit nicht
subsumiert werden, ohne daß man zu einem besonderen Begriffe der Projektion Zuflucht nehmen müßte. Wir wollen diese
Auffassungsweise an Beispielen betrachten, bevor wir allgemeinere
Schlüsse ziehen.

Der Vermieter [16] verbietet einem Freunde des Mieters,
der gegen ihn grob geworden ist, das Betreten der Wohnung;
hat der Mieter sich das gefallen zu lassen? Die Antwort des
Juristen wird entschieden „nein" lauten. I h e r i n g fragt
weiter: „Ist es in dieser Beziehung von Einfluß, wie die Person
des Dritten ist? Man denke z. B., daß es liederliche Dirnen
sind". Der Jurist wird zweifelsohne hier schon geneigter sein,
dem Vermieter Recht zu geben, etwa mit der Begründung,
daß das Haus des Vermieters durch Besuch von liederlichen
Dirnen in Verruf kommen würde, daß er dadurch auch Schaden
leiden könnte und daß dieser schädigende Gebrauch der Miet-
wohnung ein Mißbrauch ist, der den Intentionen des Mietver-
trags widerstreitet.

Würde diese Argumentation stark genug sein, den Juristen
zu überzeugen, so hat sich (nach der hier vertretenen Ansicht)
ein Einfluß der ethischen Weltauffassung des Richters in der
Form veränderter Wertung und dementsprechender Feststellung
gewisser innerer Tatsachen (Parteiintention) geltend gemacht.
Man könnte aber dies bestreiten und behaupten, daß obige
Urteilsbegründung (Annahme des schädigenden Mißbrauchs) eine
reine Konstatierung von notorischen Tatsachen ist, deren Eintreten dem Gerichte bekannt ist. Aber (abgesehen von allen
anderen bei dem Beispiele der Einwirkung ökonomischer Erwägungen zu erhebenden Bedenken) die Unrichtigkeit dieser
Auffassungsweise leuchtet schon dann klar hervor, wenn wir annehmen, der Mieter mache den Versuch, die Wahrheit obiger
„Tatsachenfeststellung" zu widerlegen, er biete den Beweis an,
daß in der Stadt X sich die Leute um derartige Sittlichkeits-
fragen gar nicht kümmern, sie seien gegen solche Sachen, wie
Verkehr mit liederlichen Dirnen, gänzlich abgestumpft, dem
Vermieter drohe daraus nicht nur kein Schade, es lasse sich
vielmehr nachweisen, daß er einen besseren Preis für seine
Wohnung erzielen werde. Es unterliegt doch keinem Zweifel,
daß der Richter eine solche Beweisführung (die möglicherweise

---

[16] Aus I h e r i n g s Jurisprudenz des täglichen Lebens Seite 33.

den Tatsachen entspricht) zurückweisen muß und zurückweisen
wird, weil jene Urteilsbegründung m e h r als eine bloße Feststellung einer Tatsache : ein Ausfluß seines sittlichen W o l l e n s,
seiner ethischen Weltauffassung ist, und die vom Mieter an-
gebotene Beweisführung nicht bloß Widerlegung einer Tatsache, die ist oder nicht ist, sondern eine Auflehnung gegen
die herrschenden sittlichen Forderungen wäre, die durchgesetzt
werden s o l l e n.

Ebensowenig würde der Richter einen Beweis oder Gegen-
beweis darüber zulassen, daß der jemandem gemachte Vorwurf
des Denunzierens tatsächlich die Achtung schmälere, die der
Beleidigte in seinen Kreisen genießt; d a ß dies der Fall s e i,
v e r l a n g t eben das herrschende System der Ehrbegriffe, die
Schmälerung der Ehre durch Denunziation ist nicht bloß eine
Tatsache, sie ist überdies eine Forderung.

In manchen Fällen, z. B. in dem oben in V 2 gegebenen
Beispiele über die Versorgung unehelicher Kinder wird sich die
Einwirkung ethischer Erwägungen überhaupt in keine Tatsachen-
form bringen lassen, sie bleibt eine reine Norm (Willens-
ausdruck).

Viel mehr den (reinen) Tatsachen verwandt und daher
schwerer zu sondern erscheinen die ökonomischen Einwirkungen.
Viele ökonomische Erscheinungen sind ja in der Tat für den
Richter nur reine indifferente Tatsachen, so z. B. alle zum Tatbestande eines bestimmten Einzelfalls gehörenden wirtschaftlichen Einzelerscheinungen, wie Hingabe eines bestimmten Darlehens, Zahlung u. s. w. Soferne sie aber einen mehr allgemeinen sozialen Charakter aufweisen, soferne sie zur v o l k s-
wirtschaftlichen S t r u k t u r gehören (und nur von solchen ist
hier die Rede), mengt sich ihnen größtenteils, wenn auch in
viel schwächerem Maße als bei ethischen Erscheinungen, ein
Willensmoment, eine Wertung bei, und zwar deshalb, weil man
dasjenige, was die, wenn auch nur faktische Grundlage des
Zusammenlebens bildet, nur schwer, nur gezwungen verläßt,
es nach Möglichkeit aufrechtzuerhalten w ü n s c h t, weittragende
Änderungen durch Rechtsprechung zu bewirken sich scheut,
kurz, vermöge der konservativen Tendenz des juristischen
Denkens.

Aus dem Umstande, daß in einem Lande der Boden so
oder anders verteilt i s t, folgt noch an sich für die Frage, was
zu geschehen h a t, nichts, allein der Jurist ist doch geneigt,
nach Möglichkeit daran festzuhalten, er wertet ihn höher als
eine Umgestaltung. (Vgl. V 3, erstes Beispiel.)

Aus dem Umstande, daß in allen Bädern oder Fabriken
eine Schutzvorrichtung besteht, während sie in e i n e m
Etablissement fehlt, folgt noch gar nichts für die Frage des
Sollens, man ist doch geneigt, eine Pflicht zur Einführung der

Schutzeinrichtung aufzuerlegen, z. B. für einen Unfall ver-
antwortlich zu machen.

Daß die Hypothekarforderung in einer ökonomischen Verbindung mit dem Werte des hypothezierten Guts steht (so
z. B. mit Rücksicht auf diesen Wert erteilt und aus dem Wert-
erlöse bezahlt zu werden pflegt), ist an sich eine für das „Sollen"
ganz indifferente Tatsache. Nichtdestoweniger trachtet der Jurist,
diesen Zusammenhang aufrecht zu erhalten, und ist geneigt, auch
ohne bestimmte gesetzliche Anordnung das Pfandrecht des
Hypothekargläubigers auf die Brandschadenvergütungen zu übertragen.[17]

Auf Grund dieser Betrachtung (daß der Hypothekar-
gläubiger bei Gewährung des Darlehens, den bestehenden
Wert der Hypothek, also bei Existenz von Vorhypotheken
die noch freie Wertschichte des hypothezierten Guts in
Kalkül zu ziehen pflegt), stellt E x n e r (Hypothekenrecht
§ 90) den Satz auf, daß Nachhypothekare keinen Anspruch,
sondern nur eine Möglichkeit der Vorrückung im Falle des Er-
löschens der Vorhypothek haben (im Gesetze läßt sich dieser
Satz nirgends nachweisen), und zieht daraus viele Konsequenzen
in Problemen der Eigentümerhypothek, Konsequenzen, deren
letzter Grund und Überzeugungskraft nur in der Anschauung
gewisser ökonomischen Vorgänge und im Willen des Juristen
wurzelt, sie aufrecht zu erhalten.

Aber nicht nur wegen ihrer übrigens gewöhnlich schwachen
Durchsetzung mit Willensmomenten können die volkswirtschaftlichen Materialien der Projektion nicht als (etwa notorische)
Tatsachen angesehen werden, sondern auch aus mannigfaltigen
anderen Gründen:

Sie treten fast immer nur verdeckt in der Form von ihrem
Ursprunge nach nicht zu Bewußtsein tretenden Wertungen oder
anscheinend selbstverständlichen Zwischenprämissen auf, so daß
sie überhaupt keinen direkten Bestandteil der Begründungen
zu bilden pflegen.

Sie sind ihrer Natur nach viel zu allgemein und der
Grad ihrer Gewißheit ist viel geringer, als in dem Begriffe der
Erfahrungstatsache gelegen ist, sie sind mehr Ansichten als
Feststellungen.

Deshalb werden sie sowohl ihrem Bestande (falls sie direkt
in Urteilsgründen erfaßt werden) als auch ihren Wirkungen
nach (der ihnen zugewendeten Wertung nach) selbständig von
jeder Instanz geprüft und gehört diese Prüfung insbesondere
auch zur „rechtlichen Beurteilung der dritten Instanz".

---

[17] S t u b e n r a u c h Kommentar zu § 457 bGb., § 633 Anm. 3 und dort
zitiert E x n e r Hypothekenrecht I § 388 (dagegen S t e i n b a c h), Entsch. v.
30. Sept. 1868 G. U. 3126, 4. April 1876 G. U. 6087, 17. Dez. 1879 G. U. 7573,
21. Juni 1882 G. U. 9025.

So beantwortet sich also die im Titel dieses Kapitels enthaltene Frage zugleich mit dem oben in III **2** am Schlusse aufgeworfenen Problem:

Zwischen den Normen, die der Jurist anwendet, und den Tatsachen, auf die er sie anwendet, gibt es keine scharfe Grenze. Von dem Gebiete der reinen Tatsachen über die notorischen Tatsachen heraustretend, begegnen wir Ansichten über allgemeine Vorgänge, die mehr oder weniger bestimmt auftreten und mehr oder weniger mit dem Willen durchsetzt sind, sie aufrechtzuerhalten; wir begegnen dann tatsächlichen Vorgängen, die wir sozial verlangen und daher als wahr annehmen müssen, oder Tatsachen, deren Vorhandensein wir als selbstverständlich ansehen, weil wir sie verlangen, und schließlich (reinen) Normen, welche gewisse Tatsachen vorschreiben und für unsere Beurteilung unter strenger Loslösung von dem wirklichen Vorhandensein des Vorgeschriebenen (des Verlangten) maßgebend sind.

Sowohl die Erkennung der reinen Normen (Rechtsnormen), d. i. die Auslegung als auch die entsprechende Berücksichtigung, Erkennung, Wertung des ganzen Zwischengebiets (der in der sozialen Weltauffassung des Juristen niedergelegten Mischformen des Verlangten mit dem Tatsächlichen) gehört zur „rechtlichen Beurteilung", zum juristischen Denken,[18] verschiedenartigste in den drittinstanzlichen Urteilen vorkommende Betrachtungen, Erwägungen u. s. w., die nicht Auslegung des logischen Gehalts eines Rechtssatzes sind und nicht Tatsachenfeststellung sein können, gehören meistens diesem Zwischengebiete an.

---

[18] Überdies noch manches, wie: die wirklich **rein** logischen Schlußfolgerungen (z. B. Konstruktionen, Berechnungen u. s. w.), gewisse freie oder bloß durch das „Ermessen" oder „Billigkeit" beschränkte Entschlüsse, zum Teile auch die Feststellung der inneren Tatsachen. Über das letztere vgl. unten VI 2.

VI. Einige besondere Materien.

1. Analogie singulärer Rechtssätze.

Der Leser, welcher mir bisher gefolgt ist, wird die Konsequenz selbstverständlich finden, die ich in Betreff einer — beinahe der einzigen bisher lebenden — Auslegungsregel ziehe:

Die Regel, daß das singuläre Recht nicht Ausgangspunkt einer über seinen ursprünglichen Inhalt hinausreichenden Anwendung, nicht ein produktives Prinzip (wie Ihering sagt) sein kann, kurzum, technisch gesagt, zur analogen Anwendung nicht taugt, ist an sich nicht berechtigt und wenigstens keine Denknotwendigkeit, als welche sie gemeiniglich dargestellt wird. Aus dem Umstande, daß ein Rechtssatz ein System anderer durchbricht, daß sein logischer Gehalt ihn als singulär bezeichnet, folgt zwar mit großer Wahrscheinlichkeit, daß auch seine Attraktionssphäre (Projektionsgebiet) entsprechend schmäler sein wird, aber es folgt daraus noch nicht an sich, daß er nicht über den in ihn ursprünglich hineingelegten logischen Gehalt hinaus sich tatsächlich Anerkennung verschafft. Getreu dem positivistischen Standpunkte finde ich das Hauptargument dafür, daß auch singuläre Rechtssätze unter Umständen analog angewendet werden können, darin, daß sie tatsächlich und wirklich ohne Widerspruch analog angewendet werden.

Hier einige Beispiele: Die Bestimmungen der §§ 367 und 456 des bGb., daß der gutgläubige Erwerber einer Sache das Eigentum oder Pfandrecht auch dann erwirbt, wenn sein Auktor nicht Eigentümer war, aber die Sache vom Eigentümer anvertraut erhielt, sind eine Ausnahme von dem das Privatrecht beherrschenden Grundsatze der Absolutheit dinglicher Rechte und dem Grundsatze: Nemo plus juris transferre potest, quam ipse habet (§ 442 bGb.). Sie umfassen nicht den Fall, wenn der Faustpfandgläubiger das Pfandstück seinem Schuldner oder einem Dritten anvertraut und derselbe diese Sache als pfandfrei veräußert. Muß sich der gutgläubige Erwerber die Ausübung des nachträglich hervorgekommenen Pfandrechts gegefallen lassen?

Wir empfinden es als richtig, die Frage zu verneinen und so die §§ 367 und 456 bGb. analog auszudehnen.[1]

Die Jurisdiktionsnorm zählt im § 87 unter den besonderen Gerichtsständen den „Gerichtsstand der Niederlassung" auf und gestattet, wenn „Inhaber von Bergwerken, Fabriken u. s. w. außerhalb des Sitzes des Unternehmens besondere Niederlassungen (Filialen) haben", die auf diese Filialen bezughabenden Klagen bei dem Gerichte des Orts anzubringen, wo sie sich befinden. Dieser Rechtssatz durchbricht das Prinzip, daß Klagen im allgemeinen bei dem Domizilgerichte des Beklagten anzubringen sind, und ist als singulärer aufzufassen, wie ja auch das Gesetz selbst den Gerichtsstand als besonderen bezeichnet. Das Gutachten des Obersten Gerichtshofs und die Justizministerialerklärung zu diesem § 87 dehnen den Gerichtsstand der Niederlassung auf den Fall aus, wenn jemand nur eine Niederlassung, aber außerhalb seines Domizils hat. Hiebei bezeichnet die Ministerialerklärung ihre Ansicht ausdrücklich als Analogie des § 87 JN.

Analogie eines singulären Rechtssatzes ist es ferner, wenn Unger (Erbrecht § 25 Anm. 3) und Pfaff-Hoffmann Kommentar (II S. 671) die Vorschrift des § 726 i. f. bGb.[2] auch auf die Fälle ausdehnen, wenn die gesetzlichen Erben die Erbschaft deshalb nicht erwerben, weil sie erbunfähig sind, oder wenn sie gar nicht existieren.

Bei entgeltlichen Verträgen gilt die Gewährleistung für Mängel als Prinzip und allgemeine Regel (§ 922 ff. bGb.). Die Exekutionsordnung (§ 278) statuiert hievon eine singuläre Ausnahme bei der Zwangsversteigerung. Der Oberste Gerichtshof dehnt nun diese Ausnahme auf den zwangsweisen gerichtlichen Verkauf aus freier Hand aus, zweifelsohne auch eine Analogie singulären Rechtssatzes. (Gutachten zu § 278 EO.)

Die vierzehntägige Rekursfrist des § 88 Z. 2 EO gilt bloß für die Exekution durch Pfandrechtseinverleibung einer vollstreckbaren Forderung. Wir empfinden es als richtig, diese Ausnahme von § 65 Z. 2 EO auch auf die Pfandrechtseinverleibung zur Sicherung einer noch nicht vollstreckbaren Forderung auszudehnen. (Siehe Schauer EO Anm. 2 zu § 374 EO, Ausgabe vom Jahre 1900.)

---

[1] In diesem Sinne auch Stubenrauch Kommentar § 466 al. 9, der von unabweislicher Analogie (oder [?] einer conclusio a majori ad minus) spricht, sowie mehrere oberstger. EE, z. B. G. U. (neue Folge) 835, einige auch entgegengesetzt.

[2] Die Vorschrift geht dahin, daß im Falle die testamentarischen Erben das Testament destituieren und auch die gesetzlichen Erben der Erbschaft entsagen, die Legatare verhältnißmäßig als Erben anzusehen sind. Sie ist eine ganz singuläre Ausnahme von der Regel des § 760 bGb. (Kaduker klärung des Nachlasses) und von der sonst strengen Auseinanderhaltung der Erben und Legatare.

.   Vgl. übrigens die oben II 3 und III 4 gegebenen Beispiele.

Trotz alledem muß im großen und ganzen anerkannt werden, daß die Analogie singulärer Rechtssätze n u r s e l t e n geübt wird und daß der Hinweis auf die in Rede stehende Interpretationsregel regelmäßig wirklich überzeugend wirkt. Daß dieses aber der Fall ist, ist nicht eine Folge ihrer logischen Denknotwendigkeit (als welche diese Regel dargestellt zu werden pflegt), sondern weil das Übergewicht der Projektionsmaterialien, der in der Rechtsanwendung wirkenden sozialen Kräfte (Wertungen u. s. w.) in der Regel auch auf Seiten des gemeinen Rechts liegt. So ist — um ein ökonomisches Beispiel zu nehmen — der im Vermögensrechte leitende Grundsatz der Vertragsfreiheit auf das herrschende privatwirtschaftliche System zugeschnitten und die Ausfüllung aller Lücken durch dieses Prinzip von den herrschenden Interessenkreisen gefordert und gefördert. Man braucht sich ja nur vorzustellen, welch ungeheure Umwälzung der ökonomischen Struktur der Gesellschaft eintreten würde, wollte man den — eine Ausnahme von jenem Grundsatze bildenden — Wucherbegriff von den Kreditgeschäften auf andere Geschäftsformen (Kaufverträge, Lohnverträge) übertragen,[3] d. h., wenn sich der Richter das Recht zusprechen wollte, auch bei diesen Verträgen „übermäßige" Bevorteilung in der vertragsmäßigen Preis- oder Lohnbestimmung korrigieren zu dürfen. Die Herbeiführung solcher Umwälzungen stünde mit den Prinzipien der Rechtsauslegung im Widerspruche. Der Jurist wird daher jederzeit von der analogen Anwendung singulärer Rechtssätze einen nur ä u ß e r s t v o r s i c h t i g e n Gebrauch machen können, ohne daß jedoch dieses Verbot eine logische Denknotwendigkeit, ein ausnahmsloses Naturgesetz wäre.[4]

2. Ermittlung sogenannter innerer Tatsachen, insbesondere des Parteiwillens.

Im Privatrechte spielt die Feststellung des Willens der Parteien, der Parteiintentionen eine beinahe dominierende Rolle. Der Wille, die Absicht, die eine Partei (Privatperson) gehabt hat, sowie die sonstigen seelischen, für ein Urteil maßgebenden Vorgänge gehören prinzipiell zu den Umständen des Einzelfalls, zu dessen Tatbestand. Es unterliegt auch keinem Zweifel,

---

[3] M e n g e r Das bürgerliche Recht und die besitzlosen Klassen, hebt diesen Gegensatz hervor.

[4] So entsprach die mit Berufung auf diese Interpretationsregel geübte Weigerung der Wiener Gerichte, das Haftpflichtgesetz (das von D a m p f-Eisenbahnen spricht) auf die nachträglich aufgekommenen elektrischen Eisenbahnen auszudehnen, dem gemeinen Rechtsbewußtsein nicht und konnte dieser Standpunkt um so eher verlassen werden, als man in Wirklichkeit auf sehr umständlichen Umwegen (hierüber vgl. unten 3) den Erfolg der analogen Anwendung des Haftpflichtgesetzes praktisch zu erreichen bestrebt war.

daß dies zum allergrößten Teile auch wirklich der Fall ist. So wird z. B. im Strafprozesse der objektive und subjektive, der äußere und innere Tatbestand (z. B. böse Absicht) in gleicher Weise ermittelt und festgestellt.

Es wurde aber andrerseits schon oben darauf hingewiesen, daß — namentlich im Zivilprozesse — die Feststellung der inneren Tatsachen, insbesondere des Parteiwillens zum Teile von dem Obersten Gerichtshofe zur „rechtlichen Beurteilung" einer Sache gerechnet zu werden scheint. Über diese Erscheinung sollen nun einige Bemerkungen folgen, welche diese unendlich verwickelte Materie bei weitem nicht erschöpfen.

Soweit es sich zunächst um die Erforschung des Parteiwillens handelt, bemerken wir bei näherem Eingehen eine Erscheinung, die als ein, wenn auch bedeutend schwächeres Gegenstück zu jener bei der Erforschung des „gesetzgeberischen Willens" beobachteten gelten könnte, nämlich eine große und dauernde Unsicherheit des Objekts.

Zwei Theorien bekämpfen sich seit jeher, ohne sich eine Fußbreite abringen zu können:

die Erklärungstheorie, welche auf die abgegebene, objektiv bestehende Erklärung der Partei das Hauptgewicht legt, und

die Willenstheorie, welche immer noch hinter der Erklärung die realen psychischen Vorgänge beachtet zu sehen wünscht, deren Produkt sie ist.

Am sonderbarsten ist aber das Verhalten der Gesetzgebung zu diesem Theorienstreite. Obwohl sie ihn anscheinend durch eine einzige gesetzliche Bestimmung lösen könnte, indem sie die eine oder andere Ansicht klar und unzweideutig rezipieren würde, unterläßt sie es und läßt entweder die Frage offen (wie das österr. b. Gesetzbuch) oder schlängelt sich durch verschiedene Verklausulierungen durch. So bildet z. B. im Handelsgesetzbuch schon der Art. 279 (indem er den Richter bei Feststellung der Bedeutung von Handlungen und Unterlassungen auf denjenigen Sinn verweist, der dieser Handlung oder Unterlassung im Lichte der Gewohnheiten und Gebräuche an sich — also objektiv — innewohnt) eine ganz bedeutende und ihrer Tragweite nach nicht zu überblickende Beschränkung der im Art. 278 rezipierten Willenstheorie.

So bestimmt das neue deutsche bGb. einmal:

im § 133: „Bei der Auslegung einer Willenserklärung ist der wirkliche Wille zu erforschen und nicht an dem buchstäblichen Sinne des Ausdrucks zu haften",

ein andermal aber im § 157: „Verträge sind so auszulegen, wie Treu und Glauben mit Rücksicht auf die Verkehrssitte es erfordern"; wodurch wieder eine objektive Bedeutung einer Willenserklärung als maßgebend bezeichnet wird, welche Be-

deutung doch nicht immer mit dem „wirklichen Willen" über-
einstimmen muß.

Wir ziehen aus diesem Zustande der Theorie und Gesetzgebung den Schluß, daß die Erforschung des Parteiwillens —
ebenso wie jene des gesetzgeberischen Willens, wenn auch in
schwächerem Grade — einer Unbestimmtheit, einer Spannung
bedarf,[5] um den Bedürfnissen des Lebens zu entsprechen. Insoweit man aber infolgedessen sich auf tatsächliche Erforschung des wirklich gewesenen Willens einer Privatperson
nicht beschränkt und darüber hinaus den objektiven Sinn einer
Handlung, Erklärung, Unterlassung erforschen soll, fällt —
ebenso, wie bei dem gesetzgeberischen Willen — die Würdigung dieses Sinns in das ganze Gewirr der verschiedenartigsten sozialen Ansichten, Beobachtungen und Wertungen und
bildet schon einen Teil der rechtlichen Beurteilung, des juristischen Denkens, einen Teil, der ähnlichen Beeinflussungen
und Tendenzen ausgesetzt ist, wie die Erforschung des „Sinnes
des Gesetzes" und ähnliche Materialien, wie jene der Projektion
verwendet. Auf diese „soziale" Seite der Erforschung des Parteiwillens wird unzweideutig, obgleich unvollständig hingewiesen,
wenn man (wie die zit. §§) von Gebräuchen, Treu und Glauben,
Verkehrssitte, Verkehrsanschauung u. s. w. spricht. So ist z. B.
in der Beurteilung des Sinnes eines Vertrags der Zug unver-
kennbar — so lange es nur irgendwie angeht —, beide Teile
als loyale, auf dem Boden der ethischen Weltauffassung stehende
Leute vorauszusetzen. Hat ein Teil oder haben beide mit einer
Äußerung in Wirklichkeit einen hinterhältigen, auf Schaffung
einseitiger Machtposition, ökonomischer Übervorteilung u. s. w.
gerichteten Sinn verbunden und in den Vertrag hineinschlüpfen
lassen, so sind diese Absichten — selbst wenn sie feststünden
— zur Interpretation der „Parteienintention", „des offenbaren
Parteiwillens" unbrauchbar, sie werden — soweit als nur möglich — vom Juristen ignoriert. Was aber Hinterhältigkeit, was
Übervorteilung ist, das würdigt der Jurist unter Berücksichtigung des Gesetzes einerseits und seiner gesamten sozialen
Weltauffassung andrerseits.

Selbst so weit ein ermittelter tatsächlicher Bewußtseinsinhalt einer Person in Betracht kommt, fällt dem juristischen
Denken oft die Aufgabe zu, eine Scheidung des rechtlich beachtlichen und rechtlich irrelevanten Teils desselben vor-
zunehmen, eine Scheidung, die bei der Einheitlichkeit und
wechselseitigen Verquickung der betreffenden Bewußtseins-

---

[5] Der Grund liegt eben in der formellen Ableugnung des ganzen
Zwischengebiets zwischen Tatsachen und Normen, in der Hinstellung des
ganzen juristischen Denkens als Subsumtion gegebener Tatsachen unter gegebenen gesetzgeberischen Willen. Da das aus der Rechnung eliminierte
Zwischengebiet aber wirklich besteht, muß man es durch künstliche Erweiterung der beiden anderen Gebiete bedecken.

vorgänge nicht mehr als reine Tatsachenfeststellung gelten kann. So bei der Unterscheidung der unwesentlichen Motive und des „eigentlichen" Willensinhalts.[6] Sind beispielshalber Spieldarlehen klagbar? Die Beantwortung hängt davon ab, ob man als causa der Darlehenshingabe bloß die Kreditgewährung ansieht (credendi causa) und den weiteren Bewußtseinsinhalt des Darlehensgebers (dessen Wissen, das Geliehene werde zu einem eventuell unerlaubten Spiele verwendet werden) als unwesentliches Motiv bezeichnet und beiseite schiebt oder ob man dieses Motiv unter dem Titel der „Absicht, das Spiel zu ermöglichen", als einen integrierenden Bestandteil des Geschäftswillens auffaßt. Man sieht sofort das Unsichere und der freien Würdigung (Wertung) Anheimfallende dieser künstlichen Spaltung der einheitlichen Bewußtseinsvorgänge.

Zuweilen zeigt es sich aber schon bei der bloßen Vergleichung des durch den Juristen zu Tage geförderten Resultats seiner auf Eruierung der inneren Tatsachen gerichteten Tätigkeit, daß er dabei ebenso viel oder mehr hineingelegt hat,[7] als wirklich vorhanden war, wie wenig also seine Tätigkeit wirklich bloße Tatsacheneruierung war.

Ich nehme ein Beispiel:

Jemand flucht in gotteslästerischer Weise. Der Jurist muß, um die Frage der Anwendbarkeit des § 122 StG zu entscheiden, sich klar werden, ob dem Beschuldigten der monotheistische oder polytheistische, resp. pantheistische Gottesbegriff vorschwebte (Lammasch Österr. Strafrecht § 29), ob seine Absicht nur darauf ging, zu fluchen oder den Gottesbegriff zu ver-

---

[6] Für welche Unterscheidung nach Dernburg „die Verkehrsanschauung" maßgebend ist (jedenfalls also ein sozialer Faktor). Dernburg Pandekten § 94: Vorgedanken, welche den Abschluß veranlaßten, deren Verwirklichung aber für das Geschäft nicht essentiell ist (warum?), nennt man Motive ... Als essentiell für die Beteiligten ist das zu betrachten, was nach der Verkehrsanschauung im regelmäßigen Verlaufe der Dinge bei Geschäften solcherart als essentiell gilt. Ähnlich § 102: Die neue Jurisprudenz erachtet daher den Irrtum über Eigenschaften als wesentlich, wenn vermöge der irrig vorausgesetzten Eigenschaft nach den im Verkehre herrschenden Begriffen die Sache zu einer anderen Art von Sachen gerechnet werden müßte, als wozu sie wirklich gerechnet wurde.

[7] Hierin liegt der große Teil der Unsicherheit, die schon längst erkannt wurde. Averanius Interpretationum libri V. Liber I. Cap. XXXIII. In exploranda voluntate id quod verisimile est sequimur. Der weitere Grund der Unsicherheit liegt in dem Herübergreifen des Begriffs „Verschulden" in die Eruierung innerer Tatsachen. Man identifiziert beinahe immer das Wissen und das „Wissen sollen". Man sagt z. B., er hat es gewußt oder wissen müssen, und behandelt beides als gleichwertig. Warum hat er es „müssen" resp. „sollen"? (Vgl. unten 4.) Übrigens wird der Feststellung innerer Tatsachen schon dadurch der Charakter reiner Tatsachenermittlung entzogen, daß sehr oft das Gesetz selbst über das Vorhandensein solcher Tatsachen z. B. über Ausdeutung des Stillschweigens, der einzelnen Erklärungen u. s. w.) zahlreiche echte und unechte Vermutungen aufstellt. Dann kommen auch die Dispositivgesetze in Betracht. Die Materie ist, wie schon erwähnt, unendlich verquickt.

6

unehren oder andere in ihren Religionsgefühlen zu verletzen
u. s. w. Es ist möglich, daß der Fluchende selbst beim besten
Willen sich über diese Umstände keine Rechenschaft geben
könnte, der Jurist muß sie beantworten.

Noch deutlicher in manchen Zivilrechtsfällen :

Ein Mädchen aus dem Volke verlobt sich mit einem
Handlungsgehilfen. Um einen selbständigen Haushalt zu begründen, übergibt sie ihm ihre Ersparnisse. Das mit diesem
Gelde gegründete, von den Brautleuten, die zusammen leben, ge-
meinsam geführte Geschäft geht schlecht, die Heirat zerschlägt
sich. Das Mädchen klagt nun den gewesenen Bräutigam auf
Rückstellung ihres Gelds, der Beklagte wendet ein, das Geld
sei im Geschäfte aufgegangen.

Der Richter muß eruieren, ob die seinerzeitige Hingabe
des Gelds ein Darlehen war oder als Hingabe eines Heirats-
guts gemeint war, oder ob ihr bloß die Mandatsabsicht zu
Grunde lag (so daß das Geschäft dem Mädchen selbst gehören
sollte) oder ob das Geld den Charakter einer Gesellschafts-
einlage hatte u. dgl. Der Jurist muß diese Fragen beantworten,
obgleich möglicher-, ja wahrscheinlicherweise der Wille der
Parteien bei der Geldübergabe ganz undifferenziert war, obgleich
sie sich der rechtlichen Seite ihrer Handlungen gar nicht bewußt. waren und ihr ganzer Bewußtseinsinhalt sich darin er-
schöpfte, daß sie sich lieben, zueinander volles Zutrauen haben,
sich heiraten werden und es alles eins ist, in wessen Tasche
das Geld stecke, kurzum, daß all ihr Denken und Wollen sich
nicht in den römisch-rechtlichen Formen bewegte. Zur Kon-
struierung einer dieser Formen und somit zur Schwelle der
eigentlichen Gesetzesanwendung (Subsumtion) gelangt der
Richter erst dadurch, daß er den realen Parteiwillen unter Benützung seiner eigenen sozialen Lebensauffassung (seiner Wertungen, Ansichten u. s. w.) so verarbeitet, bis er einen unter
die gangbaren Geschäftstypen subsumierbaren Stoff erlangt.

Daß der vom Juristen ermittelte Parteiwille ein real
gewesener Wille oft nicht ist, ist schon manchmal beachtet
worden.

Ein witziger Kopf bemerkte, wenn ein Jurist von jemandem
sagt, er habe etwas offenbar gewollt, so bedeutet dieses „offenbar", daß er es in Wirklichkeit nicht gewollt hat.

In „Scherz und Ernst in der Jurisprudenz" verspottet
Ihering sein eigenes Urteil, mit welchem er als junger Jurist
Unheil anstiftete: er hat in einem Prozesse über den „animus
possidendi" einen Beweis, wie über jede andere Tatsache
gefordert. Er zieht daraus keine allgemeinen Schlußfolgerungen.

Schlossmann (Vertrag, Leipzig 1876) erklärte jeden still-
schweigenden Vertrag als eine Fiktion des Juristen, „denn in
Wahrheit liege in diesem Begriffe nur das Zugeständnis, daß

der Richter' unter gewissen Voraussetzungen so urteilen müsse,
als wenn ein wirklicher Vertrag vorläge".

Auch in dieser übertreibenden Generalisierung steckt doch
ein Kern wahrer Beobachtung, der aufzudecken wäre.

3. Ventilbegriffe.

Nicht bei allen Begriffen, Partien und Instituten eines
Rechtssystems findet die Projektion gleichmäßig statt.

Der schon oben (III 4) hervorgehobene Grund der Unbestimmtheit eines Begriffs, der Übergangszone, welche den
klaren Begriffskern umgibt, ist die große Zusammengesetztheit
der zu einem allgemeinen Begriffe vereinigten Erscheinungen,
namentlich der sozialen Erscheinungen. Aber nicht alle Rechtssätze enthalten solche sich unmittelbar auf soziale' Erscheinungen beziehende Begriffe.

Abgesehen davon, daß die numerische Mehrzahl jene Begriffe bilden, die bei der Begrenzung des in den Rechtssätzen
zur Verarbeitung gelangenden Stoffs bloß Hilfsdienste leisten,
besteht — eben infolge der mit der Projektion notwendig verbundenen Unsicherheit — in der gesetzgeberischen Technik
d e r oberste Grundsatz, mit möglichst geringer Anzahl solcher
Begriffe das Auslangen zu suchen.[9] Daß sie sich ganz nicht
vermeiden lassen, liegt in der Natur der Sache. Allerdings
könnte man versucht sein, dadurch der Unsicherheit beizu-
kommen, daß das Gesetz den Stoff in viele, aber möglichst
spezielle, enge Begriffe zerschlägt. So entsteht ein kasuistisches
Gesetz. Bekanntlich vermag aber keine noch so detaillierte
Kasuistik der Mannigfaltigkeit der Lebenserscheinungen gerecht
zu werden, es treten immer neue ungelöste Kombinationen dazu,
deren Beantwortung aber unumgänglich ist. Die Analogie und
Projektion werden nicht vermieden, höchstens das Gebiet der
ersteren auf Kosten der letzteren erweitert, was um so weniger
von Vorteil ist, als sich die Analogie wegen der Notwendigkeit
der Anlehnung an viele Einzelbestimmungen schwieriger ge-

---

[8] Oder sonst komplizierte Erscheinungen. Doch tritt bei Begriffen,
deren Stoff sozialer Natur ist, die Unbestimmtheit am stärksten auf.
Übrigens fehlt auch vielen Begriffen die erforderliche Allgemeinheit, obgleich allgemeine Begriffe der Natur des Rechts als einer generellen Regel
am meisten entsprechen. Zuweilen fehlt aber den Rechtssätzen der generelle
Charakter, z. B. Privilegien, gewissen Sätzen des Staatsrechts u. s. w.; sie
beziehen sich auf einzeln bestimmte Objekte und bedienen sich dementsprechender Begriffe. Da fehlt natürlich die Projektion.

[9] Die äußere stilistische Seite dieser Tendenz ist die Wortarmut und
beständige Wiederholung einzelner Worte und Redewendungen im Gesetze.
Das Gesetz darf nicht — bei Strafe der Unsicherheit in seiner Anwendung
— für Abwechslung in den Ausdrücken und Bezeichnungen sorgen, wie
es die Stillehre und der Schönheitssinn verlangt. So tadelt z. B. U n g e r Erbrecht § 5 Note 4, daß das bGb. in §§ 540—547 des Wohlklangs wegen
mit Ausdrücken wechselt.

staltet. Übrigens wächst mit der Anzahl der ineinander greifenden Rechtssätze die Schwierigkeit, sie in ihren wechselseitigen
Beziehungen immer in Evidenz zu behalten, wodurch die Sicherheit der Findung des entsprechenden Rechtssatzes und der
Konstruktion in dem oben (IV 2) gegebenen Sinne beträchtlich
leidet.[10]

Mit Recht wurde ein kasuistisches Rechtssystem mit dem
chinesischen Alphabet verglichen, das um so viel unpraktischer
ist, als unseres. Ein System allgemeiner Rechtssätze kann wenigstens als Ergänzung der kasuistischen Rechtssätze nicht
entbehrt werden.

Mit Hilfe der relativ nicht zahlreichen Begriffe, welche die
Erscheinungen des (freien) sozialen Lebens unmittelbar in sich
aufnehmen, trachtet nun jedes große Rechtssystem durch gegenseitige Kombinationen, Zusammenstellung derselben u. s. w.,
seine Zwecke zu erreichen. Es entstehen Rechtssätze und Begriffe höherer Ordnung, welche allerdings Erscheinungen des
(freien) sozialen Lebens zum Stoffe haben, aber nicht mehr zum
unmittelbaren. Ihren unmittelbaren Stoff bilden vielmehr Rechtssätze erster Ordnung, resp. Begriffe, zu denen diese letzteren
Rechtssätze sich kondensierten, sich — um Iherings Ausdruck
zu benützen — präzipitierten.[11] Den unmittelbaren Inhalt des
Begriffs dingliches Recht bilden die Begriffe Eigentum, Servitut, Pfandrecht u. s. w., den Stoff des Begriffs Pfandrecht
wieder Begriffe wie Sache, Forderung, Erfüllung, Veräußerung
u. s. w. Erst wenn man auf dieser Stufenleiter herabsteigt, gelangt man zu Worten und Begriffen erster Ordnung,[12] deren
Inhalt nicht mehr gesetzlich definiert ist, welche unmittelbar
die Erscheinungen des freien (sozialen) Lebens zu erfassen suchen.
(Beispielsweise unter obigen der Begriff „Sache", eventuell, falls
auch dieser Begriff gesetzlich definiert wurde, die zu seiner
Definition verwendeten Begriffe.) Die Rechtssätze und Begriffe
höherer Ordnung (im bezeichneten Sinne) treten in technisch
gut verfaßten Systemen als fest umgrenzte Gebilde auf, sie lassen
sich in Begriffe erster Ordnung genau auflösen, sowie sie ihren

---

[10] Ja, es tritt infolge der Vielheit und Kompliziertheit der Gesetze
bei jedem Versuche, eine Gruppe derselben, resp. der durch sie geschaffenen Beziehungen, Rechte u. s. w. durch einen einheitlichen Ausdruck zu
treffen, gleichfalls die Erscheinung der Projektion (der inneren Projektion)
ein. Der Ausdruck z. B. „Beamter" hat, obwohl er sich nicht auf Erscheinungen des freien sozialen Lebens bezieht, sondern auf gewisse durch
Rechtssätze geschaffene Qualitäten einer Person bezieht, eine ziemlich weite Unsicherheits- und Projektionszone. Vgl. EE zu §§ 68, 312,
313 StG u. a. Jüngst wurde der Begriff „Beamter" in Ehrenbeleidigungssachen auf die Kondukteure der Wiener Straßenbahnen projiziert.

[11] Vgl. oben II 1 bei Anm. 5 und 6.

[12] Mit Unrecht leugnet Eltzbacher („Über Rechtsbegriffe", Berlin
1899), der auch diesen Punkt berührt, jeden Unterschied zwischen den Begriffen wie „Sache", „Wegnahme" und Rechtsbegriffen wie „Pfandrecht",
„Servitut" u. s. w. (Seite 23 und 33.)

Ursprung bewußten Kombinierungen der ersteren verdanken, sie lassen sich konstruieren und dekonstruieren. So bildet z. B. die formula hypothecaria eine beinahe mathematisch präzise Definition des Pfandrechts.

So wissen wir ganz genau, was Diebstahl ist; die Entziehung einer fremden beweglichen Sache aus eines anderen Besitz um seines Vorteils Willen ohne dessen Einwilligung. Auch der Begriff des Besitzes (im Privatrecht) verursacht uns vorläufig keine Schwierigkeiten; wir wissen, daß es eine animo domini geübte faktische Herrschaft einer Person über eine Sache ist.

So lange wir uns auf diesem Gebiete bewegen, so lange nicht das Zutreffen der Begriffe erster Ordnung in Frage kommt, bildet die Hauptschwierigkeit und die Hauptaufgabe der Jurisprudenz neben der Findung der in Betracht kommenden Rechtsregeln (also neben der bloßen Gesetzeskenntnis) die Ermittlung ihrer gegenseitigen Tragweite in dem bei ihrer Setzung vom Gesetzgeber gemeinten Sinne (die Ermittlung ihres wirklichen Sinnes und richtige Konstruktion), während die besonderen Schwierigkeiten der Projektion (vgl. aber oben Anm. 10) dagegen fast ganz zurücktreten.

Die Schwierigkeiten der Projektion treten aber in den Vordergrund, wenn man bis zu den Begriffen der ersten Ordnung herabgestiegen ist und nun noch weiter zu den Erscheinungen des freien sozialen Lebens vorzudringen hat, also wenn man in obigen Beispielen etwa zu entscheiden hat, ob diese oder jene Erscheinung „ein Vorteil", „eine faktische Herrschaft", „animus domini" ist.

Hier kann die Erforschung des realen, wirklichen Sinnes des Gesetzes größtenteils nur ungenügende Anhaltspunkte geben, hier tritt die von sozialen Strömungen, vom Sprachgebrauche, verschiedenartigsten Wertungen, Ansichten u. s. w. geleitete Projektion in ihre Rechte, denn da treten en masse Grenz- und Übergangserscheinungen auf. Hier gilt der alte Grundsatz: omnis definitio perciulosa est, parum enim ut subverti non possit, hier erscheint sogar die in ihrer Form naive Bemerkung Nippels nicht ganz bedeutungslos: man könne doch unmöglich den Gedanken des Gesetzgebers durch andere Worte besser ausdrücken, als er selbst es durch eigene Worte getan hat. Die damit verbundene Unsicherheit kann durch keine gesetzgeberische Technik eliminiert werden, diese kann nur bestrebt sein, die Unsicherheit, die Projektionsnotwendigkeit nach Möglichkeit in wenige, groß angelegte Begriffe zurückzudrängen, um so den rein logischen, in sich geschlossenen Charakter des Restes zu wahren. Denn ein noch so fest zusammengefügtes Gebäude eines Rechtssystems steht eben notwendig auf der beweglichen Oberfläche der sozialen Erscheinungen und muß eine

Vorrichtung haben, um sich ihr wenigstens teilweise an-
schmiegen zu können, um sie zu beherrschen.

Daß diese Sachlage aber nicht immer zu bedauern ist,
beweisen diejenigen Fälle, in welchen die Gesetzgebungen absichtlich der Unsicherheit, den sozialen Einflüssen freien Einlaß
dadurch gewähren, daß sie, ein Institut nach einer Seite hin zu
begrenzen (definieren), absichtlich unterlassen. Schon bei den
Römern wurde z. B. auf jede Definition der mora (über deren
Wirkungen verschiedene Grundsätze bestanden) absichtlich ver-
zichtet (l. 32 pr. de usuris 22, 1). Im deutschen bürg. Gesetz-
buche hat man eine Reihe von allgemeinen Regeln über
„Rechtsgeschäfte" aufgenommen, aber absichtlich die Definition,
was ein Rechtsgeschäft im allgemeinen sei, vermieden, damit die
Praxis der Gerichte selbständig jenen Begriff herausarbeite, der
diesen Regeln als Träger dienen kann.[13]

Jedenfalls aber, ob bedacht oder instinktiv, sind in jedem
Rechtssysteme Begriffe vorhanden, deren hauptsächliche Funktion
darin besteht, eine Kategorie für Unvorhergesehenes zu bilden,
eine gewisse Anschmiegsamkeit, Anpassungsfähigkeit dem Rechte
zu verleihen, Begriffe, welchen die Projektionstätigkeit zur Anwendung verhilft.

Ich nenne sie Ventilbegriffe, weil sie den Sicherheits-
ventilen vergleichbar sind.

In jeder Dienstpragmatik, in jedem Disziplinargesetze, im
Polizeistrafgesetzbuche sind derartige Bestimmungen anzutreffen,
der Volksmund nennt sie Kautschukparagraphe. Aber selbst auf
dem Gebiete des Privatrechts,[14] wo seit Jahrhunderten Talent
und Ausdauer daran sind, alles Unklare zu beleuchten, können
Ventilbegriffe nicht vermißt werden. Einzelne hievon mögen als
Beispiele dienen.

4. Ventilbegriffe. (Fortsetzung.)

A. Verschulden (culpa). Ein Begriff von ungeheurer
Tragweite, der das ganze Privatrecht durchzieht. Auf Schritt
und Tritt wird er gebraucht und entscheidet beinahe ausschließlich
über den wirtschaftlichen Erfolg bei einem Rechtsstreite. Einem,
„der sich im Verschulden befindet", würde doch niemand
Recht geben. Selbst wenn eine sachen- oder erbrechtliche Konstruktion für ihn spräche, immer wird der Jurist geneigt sein,
ihm in letzter Linie durch Auferlegung einer Schadenersatz- oder
Restitutionspflicht den materiellen Erfolg zu entwinden.

---

[13] Die Sachlage, die dadurch geschaffen wurde, würde ein Mathematiker mit einer Gleichung bezeichnen, die zwei variable Größen enthält
($y = Fx$).

[14] Im allgemeinen nimmt in der Reihenfolge Erbrecht, Sachenrecht,
Obligationenrecht die Schwierigkeit der Konstruktion ab, jene der Projektion zu. Das Erbrecht, der stolze Überbau des Vermögensrechts, ist
das klassische Land der Konstruktionen, das Schadenersatzrecht die Hauptdomäne der Projektion.

Von den beiden Hauptarten des Verschuldens „dolus" und „culpa" streife ich hier bloß die letztere Art: das Versehen, „die schuldbare Unwissenheit", „Mangel der Aufmerksamkeit oder des gehörigen Fleißes" (§ 1294 bGb.), „desjenigen Fleißes nämlich, der bei gewöhnlichen Fähigkeiten angewendet werden kann" (§ 1297 bGb.), „Versäumnis der gehörigen Anspannung der Geisteskraft" (Dernburg Pandekten § 86), „Vernachlässigung der nötigen Besonnenheit, Sorgfalt, Willensenergie" (Unger System §§ 101 und 102).

Die Definitionen lauten eben verschieden. Man unterscheidet bekanntlich einige Grade der culpa, namentlich culpa lata und culpa levis, je nachdem die Willensanspannung eines ganz gewöhnlichen Menschen oder bloß die eines „ordentlichen Hausvaters" vernachlässigt wurde.

Unterziehen wir nun diesen Begriff einer Beobachtung, aber nicht in seinem Verhältnisse zu anderen Rechtsbegriffen, sondern in seiner Funktion den Erscheinungen des Lebens gegenüber.

Vor allem mag das gewissermaßen Antihistorische daran hervorgehoben werden. Ob jemanden ein Verschulden imputiert werden soll, dafür sind immer nur die Ansichten der Jetztzeit maßgebend, nicht aber diejenigen, in denen der Gesetzgeber befangen war. Wird einem Hausbesitzer vorgehalten, er habe es unterlassen, die dunkle Treppe zu beleuchten (wodurch ein Mieter Schaden nahm), einem Badeanstaltsunternehmer, seine Einrichtungen seien unzweckmäßig, einem Hausverwalter, er habe vernachlässigt, das verwaltete Haus gegen Brandschaden zu versichern, so werden sich die Beschuldigten gegen allfällige, auf dieses Verschulden gegründete Ansprüche irgendwie, niemals aber in der Weise verteidigen, „im Jahre 1811, als das bürgerliche Gesetzbuch in Kraft trat, habe man sich um die Beleuchtung der Stiegen nicht gekümmert, die beanständete Badeeinrichtung sei damals allgemein üblich gewesen, Personen, denen damals niemand den Titel eines braven und verständigen Hausvaters zu verweigern wagen dürfte, haben damals weder ihre Treppen beleuchtet, noch ihre Häuser assekuriert u. s. w."; diese Personen und diese Handlungsweisen schwebten dem Gesetzgeber vor, als er „von Unterlassung des Fleißes eines diligens pater familias sprach, man dürfe dem Worte »Verschulden« keinen anderen Sinn unterschieben, als welchen der Gesetzgeber mit ihm verband". Wir würden eine solche Verteidigung einfach belächeln.

Der Beklagte schlägt einen andern Weg ein:
„Er erbietet sich, durch Zeugen oder statistische Daten den Nachweis zu liefern, daß die sorgfältigen Hausväter, event. Menschen mit gewöhnlichen Fähigkeiten, dennoch (manchmal oder regelmäßig) ihre Treppen nicht zu beleuchten pflegen, oder er beantragt, über die Frage, ob ein Durchschnittsmensch

bei gewöhnlicher Aufmerksamkeit sich dazu bestimmt gefunden
hätte, die Treppe zu beleuchten, das Haus zu versichern u. dgl.,
einen Sachverständigenbeweis durch Statistiker und Psychologen zu führen, da die fragliche Tatsache psychologisch-statisti-
scher Natur ist."

Wir würden auch das Eingehen auf diese Beweise ab-
lehnen.

Die Beantwortung der Frage, welche Handlungsweisen
schuldbar sind, ist keineswegs auf Erforschung derjenigen Arten
beschränkt, die sich der Gesetzgeber historisch als schuldbar
vorstellte; der „Hausvater", „Mensch mit gewöhnlichen Fähigkeiten", den uns das Gesetz als Vorbild stellt, ist kein
statistisch oder sonstwie nachweisbarer wirklicher Durchschnittsmensch, Charaktertypus, die „gewöhnlich mittlere" Willensanspannung, die er zu leisten hat, ist keineswegs irgend eine
durch psychologische Forschungsmethoden nachweisbare Tatsache und soll auch keine sein. Mit dem Begriffe culpa werden
überhaupt keine bestimmten Handlungsweisen erfaßt, die Bezeichnung der Handlungen, auf die dieser Begriff angewendet
wird, die Ausstattung des vom Rechte gesetzten Vorbildes (des
diligens pater familias) mit bestimmten Eigenschaften, die Bemessung, ob die gewöhnliche Aufmerksamkeit zu einer bestimmten Handlung genügt haben würde, ist keine Tatsachenfeststellung, sondern ein Teil der rechtlichen Beurteilung der
Tatsachen, sie kann daher auch in dritter Instanz korrigiert
werden. Und die rechtliche Beurteilung besteht hier n i c h t in
der Erforschung, welcher Sinn mit dem Worte „culpa", „Versehen" vom Gesetzgeber vorgestellt wurde (denn dies ist zum
Teile unmöglich, zum Teile wäre es ungenügend), sondern in
einer unter Benützung der gesamten ethischen, ökonomischen
und sonstigen sozialen Weltauffassung vorgenommenen (und von
diesen Momenten auch passiv beeinflußten) W ü r d i g u n g, einer
Würdigung, in der gleichmäßig die Erfahrung, die Welt-
kenntnis des Richters, als auch die in ihm wirkenden Wertungen,
also Willensströmungen vertreten sind.

Diese Willensströmungen statten erst den „guten Hausvater" mit gewissen, vom Juristen, wenn auch unter möglichster
Anlehnung an die Erfahrung g e f o r d e r t e n Eigenschaften[15] aus.
So wird der Begriff Verschulden auf eine bestimmte Handlungs-
weise p r o j i z i e r t.

Gleichzeitig kann man daran ersehen, daß diese Tätigkeit,
wenngleich sie nicht in der Erforschung des Willens des Gesetzgebers besteht, noch keine Analogie ist. Sie widerspricht aber

---

[15] Deshalb konnte das deutsche bGb. es ruhig unterlassen, in der
Definition der Fahrlässigkeit den Typus des sorgsamen Hausvaters oder einen
anderen ähnlichen Typus aufzustellen, und definiert ganz allgemein unter Hinweis auf die soziale Seite der Frage: „Fahrlässig handelt, wer die i m V e r-
k e h r e e r f o r d e r l i c h e (wodurch?) Sorgfalt außer acht läßt."

auch in keiner Weise den Intentionen des Gesetzes: mit dem
Begriffe culpa sollte (ob man daran dachte, ist gleichgiltig) eine
Form [16] geschaffen werden, durch welche die unübersichtliche
Masse verschiedener unvorhergesehener Handlungen ihrer rechtlichen Beurteilung zugeführt werden kann. In diesem höheren
Sinne kann man also allerdings auch die Projektion in letzter
Linie auf den Willen des Gesetzgebers zurückführen. Mit Hilfe
dieser Form können sich ganz neue Verhaltungsvorschriften
bilden, welche sich von Rechtsnormen nur dadurch unterscheiden, daß zu ihrer Begründung der Begriff des Verschuldens
herangezogen wird. Durch erhöhte Frequenz der Vehikel bildet
sich z. B. die Parole, immer auf dem linken Wegrande der
Fahrtrichtung nach zu fahren. Man wird sofort geneigt sein,
bei einem Zusammenstoße zweier Wagen, Fahrräder u. dgl.
ceteris paribus demjenigen die Schuld zuzuschreiben, der wider
jene etwa von Radfahrvereinen u. dgl. ausgegebene Parole auf
der rechten Seite fuhr. Faktisch, wenn auch nicht rechtlich
ist die ganz neue Vorschrift des Fahrens auf dem linken Wegrande durch die Vermittlung des Begriffs „culpa", „Versehen"
obligatorisch geworden.

Unter dem Einflusse geänderter sozialer Wertungen kann
sich die Projektion ändern. Auch hiefür kann die Anwendung
des Begriffs „culpa" gute Beispiele geben.

Das bGb. schränkt im § 1315 die Haftung der Unternehmer für die durch ihre Leute beim Betriebe der Unternehmungen verursachten (außerordentlichen) Schäden bekanntlich
auf die culpa in eligendo ein.

Die Entwicklung der motorisch betriebenen großen Fabriks-
und Transportunternehmungen mit ihren großen Gefahren und
regelmäßig sich wiederholenden Unfällen machte diesen Rechtssatz für den Einzelnen hart, für die Gesellschaft unökonomisch
und drängt zur Überwälzung der ökonomischen Folgen solcher
Unfälle auf die betreffende Unternehmung als das unter allen
Beteiligten wirtschaftlich stärkste Subjekt, kurzum zur größeren
Inanspruchnahme der Unternehmungen, sei es in der Form einer
Haftpflicht, sei es einer Versicherungspflicht u. s. w.

Symptome dieser Tendenz sind unter anderen das Eisen-
bahnhaftpflichtgesetz, die Arbeiterversicherungsgesetze, die zahlreichen, in dieser Richtung sich bewegenden Reformprojekte,
Vorschläge, juristischen Arbeiten.

---

[16] Nur unter Beistellung solcher Formen kann ein Gesetz füglich den
Richter verpflichten, in jedem einzelnen Falle Recht zu finden, seine
Erklärung, sibi non liquere, zum Vergehen der Rechtsverweigerung
stempeln. Bekannter § 4 Code civil.: Der Richter, der unter dem Vorwande
einer Lücke (du silence) Dunkelheit oder Unvollständigkeit des Gesetzes
seine Entscheidung verweigert, kann wegen Vergehens der Rechtsverweigerung (déni de justice) belangt werden.

Wenn man nun die Judikatur verfolgt, so bemerkt man, wie die Gerichte bei allen derartigen Unternehmungen sukzessive die Anforderungen der Diligenz immer straffer anspannen, eine „culpa" derselben in immer ausgedehnterem Maße anzunehmen geneigt sind. Vor allem wurde der Grundsatz der bloßen Haftung für culpa in eligendo in Bezug auf juristische Personen (welchen derartige Unternehmungen in ihrer Mehrzahl gehören) fallen gelassen. Während z. B. noch die Entsch. aus dem Jahre 1866 (G. U. 2746) eine Schadenersatzklage gegen eine Dampfschiffahrtsgesellschaft, die sich darauf gründete, daß erwiesenermaßen ein Kapitän der Gesellschaft durch vorschriftswidriges, allzurasches Vorbeifahren eine Csaike zum Umkippen brachte, in strikter Anwendung des § 1315 bGb. zurückweist, weil „die gesetzlichen Vorschriften bei der Anstellung des Kapitäns von Seiten der Gesellschaft beachtet wurden" und ihr daher keine culpa in eligendo zur Last fällt, tritt später die zuweilen kühne Argumentation auf, ein Angestellter erweise sich eben dadurch, daß er ein Versehen begeht, als (von vornherein?) untüchtig in dem im § 1315 geforderten Sinne. [17] In der Folge wird überhaupt der ganze Grundsatz der bloßen Haftung der culpa in eligendo bei juristischen Personen unter Anrufung verschiedenster Paragraphe (§ 26 [?], 1297 [?], 1231 [?], relativ am treffendsten § 337 bGb., doch findet sich gerade dieser in der nächstzitierten Entscheidung nicht angerufen) über Bord geworfen und bürgert sich die (zweifelsohne mehr entsprechende) Argumentation ein: da die juristische Person selbst nicht handlungsfähig ist, können die Handlungen ihrer Angestellten von ihren eigenen nicht unterschieden werden (vgl. Entsch. ex 1899 G. U. [n. F.] 691), die juristische Person müsse für die culpa aller ihrer Angestellten haften, das Verschulden der letzteren sei auch ihr Verschulden.

Dabei blieb aber die Entwicklung nicht stehen. Namentlich bei elektrischen Straßenbahnen erwiesen sich wegen der naheliegenden Vergleichung mit den dem Haftpflichtgesetze unterliegenden Bahnen die bestehenden Vorschriften (vor jüngst erfolgter Ausdehnung des Haftpflichtgesetzes) sehr unzulänglich. Danach richteten sich nun die Bewertungen, was in jedem einzelnen Falle als culpa der Unternehmung gilt. So kam es, daß nicht nur früher unbemängelte, wenn auch öffentliche, von staatlichen Behörden geprüfte und wahrscheinlich von Fachleuten ersten Ranges angelegte Einrichtungen dieser Bahnen (z. B. Verteilung von Haltestellen, Bremsvorrichtungen) als so

---

[17] So noch Entsch. ex 1899 G. U. (n. F.) 766. Ein Bahnwächter verließ seinen Posten, ohne den Schranken zu schließen. Die Entsch. folgert nun, es gehe daraus hervor, daß er für die Stelle eines Aushilfswächters trotz abgelegter Prüfung nicht geeignet war.

unzweckmäßig befunden wurden,[18] daß ihre Benützung „die Vernachlässigung der sachverständigerweise durchschnittlichen Aufmerksamkeit" (§§ 1297, 1299 bGb.), ein Verschulden der Unternehmung konstituiere, sondern sporadisch zu dem Raisonnement griff: die Führung einer mit so großen Gefahren für das Publikum verbundenen Unternehmung bilde an sich ein Verschulden, das die Unternehmung haftbar mache, ein Raisonnement, das im Falle seines Umsichgreifens die spätere Ausdehnung des Haftpflichtgesetzes auf elektrische Eisenbahnen überflüssig gemacht hätte. Wenn wir aber auch von der letzterwähnten Konsequenz abstrahieren, ist die dargestellte Entwicklung doch bezeichnend, wie der Ventilbegriff „culpa" in seiner Funktion (Projektion) den sozialen Einflüssen Einlaß in das Rechtsgebäude verschaffen kann.

B. Der Begriff „culpa" bildet einen manchmal verdeckten Bestandteil einiger anderer, sehr umfassenden, grundlegenden Begriffe, so z. B. des Begriffs, „Redlichkeit", der in der Besitzlehre und bei dem Sachenrechterwerbe eine so große Rolle spielt, oder des „guten Glaubens".

„Unredlich", „nicht im guten Glauben" ist nicht bloß derjenige, der ein gewisses seinem Erwerbe, Besitze u. s. w. entgegenstehendes Verhältnis tatsächlich kennt, sondern auch derjenige, der es „kennen mußte",[19] d. h. (wie es das d. bGb. hervorhebt) der es schuldbar nicht kannte. Insoweit diese Verbindung eintritt (und sie tritt oft ein, da man regelmäßig beide Fälle gleich behandelt), verpflanzt sich der im Begriffe Verschulden steckende Unsicherheitskoeffizient und die Projektionsmöglichkeit in jene anderen Begriffe.[20]

C. Auf Schritt und Tritt operiert das Gesetz und der Jurist mit dem Begriffe der Verursachung. Ohne auf diese Materie näher einzugehen, hebe ich nur die übrigens bekannte Tatsache hervor, daß unter Ursache keineswegs ein Tatsachenkomplex verstanden wird, der ein bestimmtes Ereignis logisch notwendig hervorbringen muß, und daß andrerseits nicht jedes Ereignis, das ohne ein anderes (früheres) Ereignis nicht geschehen sein könnte, schon dadurch für den Juristen eine Folge des letzteren ist. Ob zwischen zwei Ereignissen der juristisch relevante Kausalzusammenhang anzunehmen ist, würdigt der

---

[18] Es wird wohl allgemein erinnerlich sein, wie plötzlich anläßlich einiger erschütternder Unfälle in Wien gefunden wurde, die seit Jahrzehnten bestehende oberirdische Stromleitung der Straßenbahnen und die oberirdische Telephonleitung seien Einrichtungen, die sowohl ein Verschulden der Telephonunternehmung (des Staats) als auch der Tramwayunternehmung begründen.

[19] z. B. Art. 25 Hgb. Schlußsatz.

[20] Vgl. oben 2 Anm. 7. Mit Rücksicht auf den Umfang der Arbeit verzichte ich darauf, über die Funktionen dieser und anderer Ventilbegriffe besondere Untersuchungen anzustellen und begnüge mich mit kurzen Hinweisen.

Jurist in jedem einzelnen Falle und hat hiebei eine breite Zone, innerhalb deren er sich beinahe frei bewegen kann. Diese Zone vergrößert sich, wenn man auch ein Nichtgeschehen (eine Unterlassung) als Ursache betrachten kann. In dieser Form kann man Pflichten zum Handeln schaffen und abschaffen, an die man früher niemals dachte.

D. Der bei Rechtsgeschäften und Rückforderungen (Condictionen) so bedeutungsvolle Begriff der „causa" ist logisch nicht genau bestimmbar (ich meine seiner wirklichen Tragweite nach, nicht bloß seiner formellen logischen Bedeutung). Es würde wohl schwerlich jemand unternehmen, die Situationen erschöpfend aufzuzählen, in welchen z. B. die condictio sine causa zulässig ist. Den Lebensnerv und die Hauptfunktion dieses Begriffs bildet die Tendenz zur Aufrechterhaltung der ökonomischen Machtverhältnisse, Verhinderung „grundloser" Bereicherungen. Bei der Projektion dieses Begriffs machen sich aber neben ökonomischen zweifelsohne auch ethische und sonstige Wertungen fühlbar. Hat jemand z. B. in der irrigen Meinung, der kanonische Grundsatz: „aut duc aut dota" gelte noch immer, einer durch ihn verführten Frauensperson ein Heiratsgut gegeben, so wird er wohl schwerlich mit seiner späteren Klage auf Herausgabe „grundloser" Bereicherung Erfolg haben. (NB. Daß der Irrtum ein error juris ist, würde bekanntlich dem Kondizenten in diesem Falle an sich nicht schaden.)

E. Alle Privatrechtssysteme haben ferner Institute und Begriffe, welche speziell dazu bestimmt sind, direkt sittlichkeitswidrige Verträge und manche sonstige Gestaltungen von Verhältnissen hintanzuhalten, als z. B. die exceptio doli, turpis causa im römischen Rechte, der Begriff der „Unerlaubtheit" eines Vertrags im § 878 bGb.,[21] dann § 1174 bGb. Hiedurch findet eine bewußte Anlehnung an die ethischen Wertungen statt. Am weitesten geht in dieser Richtung das neue deutsche bGb. vor. Der Begriff „Treu und Glauben" beherrscht da das ganze Obligationenrecht. Ja, das deutsche bGb. gestattet sogar ausdrücklich, durch ethische Wertungen das Ergebnis der juristischen Konstruktionen zu korrigieren. Der bekannte § 826 statuiert eine Schadenersatzpflicht desjenigen, der in einer gegen die guten Sitten verstoßenden Weise — wenngleich in Ausübung eines Rechts — einem andern vorsätzlich Schaden zufügt.

F. Ich will diese Serie noch durch ein kleines Beispiel aus dem Strafrechte ergänzen.

Es kamen in den letzten Jahren wiederholt publizistisch behandelte Fälle vor, daß Lebensmitteldiebstähle, namentlich Brotdiebstähle, die aus Hunger begangen wurden, von Gerichten

---

[21] Über die ursprünglich vertretene Ansicht, der § 878 bGb. verbiete bloß gesetzlich unerlaubte Verträge, ist man bereits hinweggegangen.

nicht strafbar befunden worden sind. Da derartige Urteile früher nicht vorkamen, so haben sich offenbar die durch neue sozial-politische Strömungen veränderten Wertungen Eingang in das Gebäude des Strafrechts verschafft. Die Pforte bildet in diesem. Falle der Ventilbegriff: Notstand. In der entsprechenden Pro-jektion dieses Begriffs war das Mittel gegeben, den jetzt viel höher bewerteten Hungerzustand als genügenden Entschul-digungsgrund beim Diebstahle eines Brotlaibes anzusehen. Es wäre logisch nicht unmöglich, die Projektion noch zu er-weitern und etwa den Diebstahl einer kleinen Summe Geldes, um der Not zu entgehen, ebenso zu entschuldigen u. s. w. Die Grenzen der Projektion sind eben verschiebbar.

VII. Schlußbemerkungen.

1. Die gangbare Auslegungstheorie als Ausdruck eines sozialen Bedürfnisses.

Die Ausführungen der vorigen Abschnitte könnten leicht eine ganz mißverständliche Auffassung erfahren. Sie könnten als ein machtloser Versuch ausgedeutet werden, eine epoche-machend-seinsollende Neuerung in die durch Jahrhunderte sanktionierte Theorie und Terminologie der Gesetzesanwendung einzuführen.

Nichts liegt mir ferner, als ein so anmaßendes Unterfangen, niemand ist weiter von der utopischen Annahme entfernt, daß derartige Gedankensysteme, die im Sturme der Zeiten ihre Geltung behaupteten und praktisch angewendet wurden, nur Verirrungen, Mißverständnisse u. dgl. seien, die durch eine „Ent-deckung" beseitigt werden können.

Wenn die Auslegungstheorie nichts als Tatsachen (Um-stände) des Einzelfalls und Rechtssätze kennen will, wenn sie jenes große Zwittergebiet der ethischen, volkswirtschaftlichen, staatlichen und sonstigen sozialen Anschauungen, Wertungen, Strömungen und die Formen, in welchen sie sich geltend machen, kurzum, die Erscheinungen der Projektion ignoriert, wenn für sie die ganze juristische Tätigkeit nur darin besteht, den richtigen, wahren Sinn der Rechtssätze zu finden, und sei es unter diesen Sinn direkt, sei es unter dessen streng logische Fol-gerungen die Tatsachen (die Umstände) des Einzelfalls zu sub-sumieren; wenn sich namentlich die dieser Auffassung entspre-chende juristische Ausdrucksweise seit Jahrhunderten einbürgerte und — selbst nachdem die Auslegungstheorie so manche ihrer Mängel erkannte — immer herrscht: so muß darin vom Stand-punkte des positivistischen Forschungsprinzips gleichfalls eine soziale und geschichtliche Tatsache erblickt werden, die nicht so sehr der Kritik und Reformprojekte, als der Erklärung und Zurückführung auf ihre Ursachen bedarf. Dies bildet aber kein Hindernis dafür, daß man nach Möglichkeit sich der Eigen-

tümlichkeiten solcher Tatsachen bewußt werde. Auf einige derselben wurde in dieser Arbeit hingewiesen und insbesondere
wurden jene Stellen untersucht, an welchen die herrschende
Theorie trotz des angeblich rein positiven Charakters der
jetzigen Jurisprudenz, mit der realen, empirischen, nachweis-
baren Wirklichkeit nur ungenau übereinstimmt. Abgesehen von
der Befriedigung rein wissenschaftlicher Neugierde, haben jene
Hinweise nur den Zweck, das Bedürfnis nach Begründung und
Rechtfertigung jener Ungenauigkeiten rege zu machen. Es ist
bekanntlich sehr oft viel schwieriger, das Fragliche an einer
Erscheinung zu begreifen, als — dies einmal erfaßt — die Antwort zu verstehen. So ist es auch im juristischen Denken der
Fall. Seit dem ersten Eintritte in das Rechtsstudium begegnet
dem Juristen die herrschende Auslegungstheorie mit solcher
Autorität, begleiten ihn (was noch wichtiger ist) die mit dieser
Theorie korrespondierenden Redewendungen und Denkformen
bei der Lösung einzelner Fälle mit solcher Beharrlichkeit, daß
die Angewöhnung bei ihm jene Verwunderung ganz auslöscht,
welche die Quelle alles Fragens und aller bewußter Erkenntnis
ist. Und weil er aus Gewohnheit und im Gefühle der Sicherheit,
keinem Widerspruche, wenigstens bei Juristen, zu begegnen, sich
zu fragen verlernt hat, welcher Wirklichkeit Ausdrücke wie
Wille des Gesetzgebers, ratio juris u. s. w., deren er sich
bedient, welchem logischen Grundsatze die zahlreichen gewagten
Schlüsse, Konsequenzen u. s. w., die er zieht, entsprechen,
glaubt er ungesehen und ungeprüft an ihre Wahrheit, an ihre
Positivität, zumal ja jene Ausdrücke und Denkformen die
markantesten Fälle wirklich wahrheitsgemäß treffen, und
eigentlich nicht an innerer Unwahrheit, sondern an einer Unvollständigkeit, an der Vernachlässigung wichtiger Übergangs-
gebiete leiden. Hat man nun diese Ungenauigkeit erkannt, so
steht man vor einer Frage, die zu beantworten ist. Die Frage
ist: warum werden jene ungenauen Denkformen, Redewendungen und Ausdrücke in der Jurisprudenz benützt?

Wie schon bemerkt, ist die Antwort viel leichter als die
Frage. Sie ergibt sich aus der Psychologie der gesamten (euro-
päischen) Rechtsprechung.

Wenn der in seinen Rechten Gekränkte an das Gericht
appelliert, so denkt er dabei nicht an seinen ökonomischen
Vorteil, als dasjenige, was den Richter zum Eingreifen zu bestimmen hat, nicht an die sittlichen Gebote u. s. w. Er denkt
auch nicht an die persönliche tiefere Einsicht, größere Erfahrung des Richters, die in Willenskonflikten auch dort noch Rat
findet, wo die Parteien keinen Ausweg mehr sehen; der euro-
päische Richter ist kein „Weiser" des Morgenlands, der im
Namen seiner eigenen höheren Weisheit den Parteien den
rechten Weg zu zeigen hat. Die Autorität, an welche alle, der
Beschädigte, der Beschädiger, der Richter denken, wenn sie

zusammentreten, ist einzig und allein der in Rechtssätzen verkörperte Wille des Staats, dessen Gebote mißachtet wurden.
Der Richter würde nun den Bedürfnissen der Parteien schlecht
entsprechen, wenn er irgend einen Zweifel daran aufkommen
ließe, daß diese Gebote wirklich alle Willenskonflikte zu lösen
geeignet und hinreichend sind. Ein Urteil, das dahin ginge:
es läßt nicht mit Sicherheit feststellen, wie sich ·der Gesetzgeber die Lösung des vorliegenden Konflikts dachte und ob
er an diese Form dachte; aber unter Benützung der gesetzlichen Anhaltspunkte einerseits und Anlehnung an die Überlieferungen, Bedürfnisse des Volkswohlstands, ethischen Gefühle,
Sitte u. s. w. andrerseits, ergibt sich für euch dieses oder
jenes Verhalten als zweckmäßig — wäre k ein Urteil. Die
Parteien würden dem Richter antworten: dazu haben wir dich
nicht angerufen. Man bestreitet zwar (vgl. Merkel in der Holtzen-
dorfschen Enzyklopädie der Rechtsw. § 14 gegen dort angeführten Kirchmann und Rée), daß deutlichere Vorstellungen
über den Hergang der rechtlichen (wie ethischen) Beurteilungen
und den Einfluß sozialer Mächte auf dieselben ihre Kraft zerstören würde, die Ungenauigkeiten der Auslegungstheorie scheinen
aber dies zu beweisen.

Dieses soziale Bedürfnis, nicht die Erkennung des posi-
tiven Sachverhalts hat den Ungenauigkeiten der juristischen
Denkformen das Leben gegeben und die ihnen entsprechende
Theorie geschaffen.

Dieses soziale Bedürfnis bedingt, daß jedes Urteil sich als
eine bloß streng logisch durch Deduktion und Subsumtion gewonnene Konsequenz eines Rechtssatzes darstellen muß, mögen
noch so viele Momente, die nicht staatliches Gebot sind, mit-
gewirkt haben, und daß selbst Analogie sich in das Gewand
einer neuen logischen Konsequenz eines „latenten" Rechtssatzes
kleidet. Um dieses Bedürfnis nach Möglichkeit zu befriedigen,
wurde der Wille des Gesetzgebers jeder Realität entkleidet,
wird die Forschung nach dem Willen der Parteien bis über die
Grenzen der Erkennbarkeit fortgesetzt u. s. w.·

2. Die juristische Wahrheit.

So gelangten wir zu einer weiteren Eigentümlichkeit des
juristischen Denkens. Es muß immer seiner Form nach streng
logisch geschlossen und vollständig erscheinen, auch wenn es
das nicht sein kann. Dies wird durch beständigen, dem Juristen
eigenen Hang zur Überschätzung des Grades und Maßes der
Gewißheit bewirkt, die man in der Erkenntnis sowohl des
Gesetzinhalts, als auch äußerer Vorgänge erlangt hat.

In Bezug auf die Erkenntnis der eigentlichen (insbesondere
äußeren) Tatsachen der realen Einzelgeschehnisse ist dies
schon längst erkannt und anerkannt worden: daß die juristische
Sicherheit über eine Tatsache einen minderen Grad der Wahr-

scheinlichkeit erfordert, als die volle Gewißheit, um doch als
volle Gewißheit behandelt zu werden, steht seit lange her fest.

Dasselbe Merkmal gilt für alle übrigen Gebiete des juristischen Denkens. Der Scharfsinn des Juristen macht sich hauptsächlich in der Findung der Anhaltspunkte, Indizien für das
Urteil geltend: in Bezug auf die Verwendung und Verbindung
derselben ist aber das juristische Denken viel eher kühn, denn
vorsichtig und genau zu nennen. Das Bedürfnis erzeugt logische
Selbsttäuschungen, Annahme der Anhaltspunkte für Beweise,
Indizien für vollständige Begründung, Ziehung von Schlüssen,
die logisch nicht ganz bündig sind, kurzum, Hinstellung der
größten Wahrscheinlichkeiten als Sicherheiten.

Man möge nicht mit dem entgegentreten, daß auch andere
Wissenschaften, Naturwissenschaften, ja sogar Mathematik mit
Wahrscheinlichkeiten arbeiten, wo keine Sicherheit zu erlangen
ist, und daß also dies nichts dem juristischen Denken eigentümliches ist; denn dort wird der Wahrscheinlichkeitsfaktor, die
Irrtumsmöglichkeit immer im Auge behalten und wird in die
Konklusionen einer unsicheren Prämisse der Unsicherheitskoeffizient übertragen. Der Jurist muß ihn aber weglassen, denn
kein Urteil darf sich auf hypothetische Tatsachen [1] und ebensowenig auf Hypothesen in Ansehung des Gesetzesinhalts
gründen. Es ist interessant zu beobachten, wie sich für diese
besonderen Verhältnisse ein besonderer Stil, eine besondere Ausdrucksweise herausgebildet hat.

Die Sprache der Urteile und juristischen Argumentationen ist
selten schlicht und einfach. Die Konstatierung eines Faktums geschieht viel seltener durch direkte Bejahung, als in einer vorsichtig umschreibenden Form. Redewendungen, wie: es muß daher
als feststehend angenommen werden, die Behauptung kann nicht
als zu Recht bestehend erkannt werden, sie erscheint grundlos,
unbegründet, es kann nicht mit Recht bezweifelt werden, es ist
daher der Schluß berechtigt u. s. w., sind gerade auf dem
Boden der Jurisprudenz gewachsen und sind ihr spezifisch.
Sie dienen dazu, den Abstand zwischen dem wirklichen und
dem zu juristischen Zwecken benötigten Grade der Wahrscheinlichkeit einer Annahme, der Schlüssigkeit einer Konklusion
möglichst unauffällig zu machen, und laufen größtenteils darauf
hinaus, an Stelle direkter Assertion eine Verpflichtung zur Für-
wahrannahme zu setzen, welches Nebenmoment in der Folge
außer Kalkül bleibt. Ein gar nicht unbedeutender Teil der Aus-

---

[1] Daher haben sich Institute, die der Unsicherheit in der Eruierung
der Tatsachen Rechnung tragen wollten, als : Freispruch mangels Beweise,
Ausmessung der Strafe unter Berücksichtigung des Grades der Sicherheit,
mit welchem jemandem ein Verbrechen nachgewiesen wurde u. s. w., als
dem juristischen Denken zuwiderlaufend herausgestellt und mußten abge-
schafft werden.

bildung eines praktischen Juristen besteht in dem Geläufig-
werden solcher Redewendungen und Gedankengänge.

Worin besteht also die juristische Wahrheit? Denn daß
es eine solche gibt, daß unter mehreren Urteilen, wenngleich
möglicherweise keines eine wirklich streng logische Konsequenz
eines Rechtssatzes, resp. der Rechtssätze ist, das eine unrichtig,
das andere richtig ist, wird niemand bestreiten.

Sie wird stündlich und täglich gefunden, aber es kommt
ihr das Charakteristische zu, daß sie weder mit der historischen,
noch psychologischen, noch sonstigen empirischen Wahrheit —
trotz der in der Jurisprudenz herrschenden positiven Richtung
— zusammenfallen muß, sondern eine Resultante verschieden-
artigster Komponenten ist, unter denen der Gesetzesbefehl wohl die
wichtigste, aber nicht die einzige Kraft ist, und ferner, daß wegen
der sowohl prinzipiellen (vgl. oben) als praktischen Unmöglichkeit, alle Komponenten als berechenbare Größen zu erfassen
und in Rechnung einzustellen, sie sich oft mit der größten
sozialen Wahrscheinlichkeit decken muß, ohne dadurch
ihren formellen Charakter als juristische Wahrheit zu verlieren.
Als Kriterium der juristischen Wahrheit ist obiger Satz selbstverständlich unbrauchbar, wohl aber zur Begründung der weiteren Konsequenz, daß, insoferne der Abstand zwischen der
jeweils größten sozialen Wahrscheinlichkeit und einer empirischen Wahrheit übersprungen wird, weil er übersprungen
werden muß, dies nur auf dem Wege der Dialektik möglich ist
und daß daher dem juristischen Denken in diesem Maße ein
dialektisch-rhetorischer Zug essentiell innewohnt.[2] Dabei wird
aber nicht vorausgesetzt, daß der Jurist dieser seiner Funktion
sich bewußt sei; gerade das Natürliche, das scheinbare Nicht-
anders-mögliche ist es, was die Kraft jener außer Kalkül bleibenden Komponenten (Projektionsmaterialien) ausmacht. Von
den drei verschiedene Urteile fällenden Instanzen, von den
beiden im Prozesse verschiedene Urteile beantragenden Advo-
katen, ist gewöhnlich jeder von der Unumstößlichkeit seiner
(resp. ihrer) Argumentation überzeugt.

---

[2] Vor mir liegt die Nummer der Juristischen Blätter vom 23. Februar
1902. Ein Aufsatz legt sich die Frage vor, ob eine offene Handelsgesell-
schaft Mitglied einer anderen sein kann. Er gibt anfangs zu, daß im Handelsgesetzbuche im Art. 85 nur von physischen Personen die Rede ist und
daß man sich überhaupt die Frage, die erst durch spätere wirtschaftliche
Gestaltungen aktuell geworden ist, nicht vorlegte. Der nächste und wohl
einzig wahre Schluß wäre, daß man im Handelsgesetzbuche nichts weiter
herumzusuchen hat. Aber der Jurist muß diesen Schluß, soweit es nur
möglich ist, vermeiden. Der Verfasser beantwortet daher die das Thema
bildende Frage unter Anlehnung an Art. 111 (verba „unter ihrer Firma") in
ziemlich komplizierter Weise. Wie nicht anders möglich, kann man in der
rgumentation bei genauer logischer Prüfung eine petitio principii überall
bemerken.

Andrerseits liegt gerade in diesen unterbewußten, nicht greifbar in die Rechnung eingestellten Wirkungen der übrigen Komponenten (der ethischen Strömungen u. s. w.) zum großen Teile der Grund der Intransigenz juristischer Kontroversen, der Unsicherheit und Unvoraussehbarkeit der Urteile, beim gegebenen Tatbestande.

3. Einige lose Bemerkungen über die Annäherung der Jurisprudenz an andere Sozialwissenschaften.

Hiemit ist der eigentliche Inhalt dieser Studie erschöpft. Es folgen noch einige lose Bemerkungen.

Ich bin mir dessen bewußt, wie vag und unbestimmt der Ausdruck sozial ist, wie wenig Deutliches man gesagt hat, wenn man von sozialen, ökonomischen, ethischen u. s. w. Einflüssen spricht, die sich „bis zu einem gewissen Grade" geltend machen.

Immerhin glaube ich, daß der bloße Hinweis auf das wirkliche Vorhandensein solcher Einflüsse nicht unfruchtbar ist.

Vor allem eröffnet er der juristisch-soziologischen Forschung ein großes, bisher wenig bebautes Feld: die positive Untersuchung jenes dritten Bestandteils des juristischen Denkens, welcher neben der Gesetzeskenntnis und Erkennung reiner Tatsachen auf seinen Verlauf einwirkt. Von den vielen Gestaltungen, die dieses Problem annehmen kann, hebe ich hier eine schon früher (I 2 A) berührte hervor.

Daß der Jurist nicht von allen sozialen Gefühls-(Willens-)richtungen unberührt bleiben kann, wenn er seiner Aufgabe gerecht werden will, muß nach dem Gesagten als sicher angenommen werden. Daß die Auslegungstheorie diese Frage — soweit sie ihr nicht aus dem Wege geht — mit Entschiedenheit bestreitet, daß für sie der Richter ein rein erkennendes Wesen, ein Urteilsautomat [3] ist, hängt mit ihrem normativen Standpunkte zusammen, mit der Behandlung der Auslegungsregeln als Vorschriften (oben II 1). Man kann doch den Richter unmöglich anweisen, irgendwelche Gefühle, wenn auch nur soziale Wertungen, seinen Urteilen zu Grunde zu legen.

---

[3] Die formelle Ableugnung aller selbständigen Willensregungen des Juristen zeigt sich sogar in der Behandlung derjenigen Fälle, wo man die frei erwägende Tätigkeit nicht verdecken kann, da sie das Gesetz ausdrücklich anerkennt, z. B. bei der Bemessung der Alimente; sie zeigt sich darin,

daß man alle solche Fälle unter einen gemeinsamen Namen (Billigkeit) bringt und sie auf ein einheitliches Prinzip zurückführen zu können glaubt, z. B. Pfaff-Hoffmann Kommentar S. 208 berechnen die Billigkeit als „Herstellung der relativen Gleichheit",

daß man die Billigkeit dem eigentlichen juristischen Denken als etwas ganz Verschiedenes gegenüberstellt und

daß man sie als eine sehr seltene Ausnahme bezeichnet, die nur dort Platz greift, wo das Gesetz sie ausdrücklich zuläßt.

Andrerseits beweisen schon die staatsrechtlichen Bestrebungen, den Richterstand möglichst unabhängig zu stellen, ihn
dem Weltgetümmel zu entrücken, daß nicht alle Beeinflussungen, selbst sozialer Natur, mit dem juristischen Denken ver-
einbar sind.

Ist also die richterliche Unbefangenheit· wohl eine Entfärbung von gewissen sozialen Rücksichten, aber nicht von allen,
dann von welchen?

Die Frage soll an einem Beispiele aktueller gestellt werden.

Vor dem Verwaltungsgerichtshofe wurde unlängst eine aus
politischen Gründen gegen eine Steuervorschreibung gerichtete
Beschwerde entschieden, die sich darauf stützte, daß die (wegen
Obstruktion im Abgeordnetenhause) in Form einer Notverordnung ergangene konstitutionelle. Steuerbewilligung mangels
gewisser im § 14 StGg. vom Jahre 1867 (R 141) statuierten Voraussetzungen ungiltig war. Der Hauptstreitpunkt war, ob der Richter
überhaupt berechtigt ist, die Giltigkeit einer mit Gesetzeskraft
ausgestatteten Verordnung zu prüfen, da er staatsrechtlich wohl
die Giltigkeit der Verordnungen, nicht aber der Gesetze
zu prüfen berechtigt ist. Im Staatsgrundgesetze ist diese Frage
nicht entschieden und ist jedenfalls die Erforschung, wie man
im Jahre 1867 darüber dachte, sehr zweifelhaft.

Gesetzt nun den Fall, einer der Richter würde mehr der
Ansicht des Beschwerdeführers, als der historisch begründeten
zuneigen, gleichzeitig aber einsehen, daß durch die Nichtig-
erklärung jener Notverordnung ein Konflikt schwerster Art
zwischen der Rechtsprechung und den Existenzbedingungen
des Staats ausbrechen, in die staatliche Ordnung ein chao-
tischer Zustand hineingetragen werden würde: Wäre es in
diesem Falle unjuristisch gewesen, die Beschwerde zurückzu-
weisen? Könnten der Zurückweisung diese Motive als Gründe
beigefügt werden oder läge hierin eine Verletzung der juristischen Unbefangenheit? Ist das Sichverschließen der staatlichen Organe solchen Motiven. gegenüber, das Absägen des
Astes, auf dem man sitzt, sozial möglich? Könnte mit anderen
Worten die bewußte Rücksichtnahme auf die Bedingungen
des staatlichen Zusammenlebens als Gesetzesanwendungsprinzip
aufgestellt werden und in welchem Grade?

Eine nicht bloß subjektiven Empfindungen entquellende,
sondern im bewiesenen Einklange mit der sozialen Entwicklung
stehende Lösung dieses und vieler anderer Probleme, die Um-
prägung der verdeckt und unbewußt wirkenden Wertungen und
sozialen Kräfte in klar erfaßte, ihrer Tragweite nach bestimmte
logische Formeln würde für die Jurisprudenz die Ausfüllung
der· Haupteinbruchspforte der Rechtsunsicherheit (der Unsicherheit der Rechtserkennung) bedeuten. Sie bleibt aber ferner Zukunft vorbehalten. Teilweise vollzieht sie sich allerdings zu jeder
Zeit durch neue Rechtssätze, denn jedes Rechtsinstitut, jeder

7*

Rechtssatz ist eigentlich ein mehr oder weniger gelungener Versuch, eine soziale Strömung in logische Form einzufassen; sie vollzieht sich hier aber nur sehr unvollkommen durch immer fortgesetztes, vielfach fehlschlagendes Experimentieren und in minimalen Dosen. Denn Gesetze zu geben, ist mehr eine Sache der Politik als der Wissenschaft.

In großen Zügen arbeiten aber an dem Ausbaue jener Zukunft, in welcher dem Menschen der Gang der sozialen Entwicklung, der Ursprung, der Zusammenhang und die Bedeutung der einzelnen Sozialerscheinungen besser als jetzt bekannt sein wird, viele Wissenschaften, die sämtlich in der Soziologie münden. Ich kehre zum Ausgangspunkte (vgl. Einleitung) zurück: in der Anlehnung an diese Wissenschaften, in ihrem Fortschritte, hat auch die Rechtswissenschaft ihre Errungenschaften zu suchen.

Es ist ein oft verkündeter, aber nichtsdestoweniger aufliegender Irrtum, daß namentlich im Privatrechte die Jurisprudenz von der Vertiefung und Verfeinerung der (individual) psychologischen Kenntnisse ihr Heil zu erwarten habe. Die Unsicherheit der Erkennung innerer Tatsachen ist aber bloß ein Symptom, dessen Gründe anderswo liegen. Im Gegenteil, die psychologischen Instrumente, mit denen schon die heutige Jurisprudenz arbeitet, sind vielfach zu differenziert, zu fein, „Messer, so fein geschliffen, daß sie nicht mehr schneiden".

Es ist ein sehr heikles Unternehmen, schon jetzt die Vorteile im einzelnen bezeichnen zu wollen, welche für die Jurisprudenz aus einem engeren, praktischen und theoretischen Anschlusse an die Sozialwissenschaften entstehen werden, so sehr man von einer reichen Ausbeute überzeugt ist. Denn die Verschiedenheit der Gesichtspunkte, unter welchen die Jurisprudenz und jene Wissenschaften arbeiten (hier explikativ, dort normativ), ermöglicht nur indirekte Überleitung der Früchte, keine direkte Vergleichung, und der zur Zeit noch vielfach im Gährungs- und Entwicklungs-, zuweilen noch im embryonalen Stadium begriffene Zustand jener Wissenschaften bringt es mit sich, daß ihre Lehren nur zum geringen Teile jene Sicherheit und Genauigkeit aufweisen, die der Jurist benötigt, um sie bewußt in seinen Gedankengang einzuflechten.

Nichtsdestoweniger kann man mit Ruhe prophezeien, daß schon bei dem jetzigen Stande der Sozialwissenschaften ein intensiveres Sichbefassen mit denselben den Gesichtskreis des Juristen erweitern und seine soziale Weltauffassung über das Niveau der durch zeitliche und örtliche Grenzen beengten individuellen Erfahrung zu einer größeren Universalität und Stabilität heben könnte. Hiedurch wird zweifelsohne die Sicherheit und Wissenschaftlichkeit der Rechtsanwendung gewinnen, während jetzt die Einheitlichkeit derselben — soweit die Materialien der Projektion in Betracht kommen — nur in der un-

gefähren Gleichheit des Studiengangs, Lebenslaufs, gesellschaftlichen und wirtschaftlichen Position aller Juristen ihre
Unterlage hat. Ich nehme auch keinen Anstoß, diesen so allgemeinen Satz durch ein kleines Beispiel zu illustrieren:

A verpflichtet sich durch einen Vertrag mit B, nach dessen
Tode über seine Kinder die Vormundschaft gegen dem zu führen,
daß er aus dem Reineinkommen der den Mündeln zufallenden
Erbschaft 30% als Provision für sich immerfort zu behalten
berechtigt ist. Ist dieser Vertrag giltig? Viele werden ihn wohl
als unerlaubt, als turpis empfinden (die Annahme der Vormundschaft über Waisen ist eine Bürgerpflicht), andere nicht. Bei
den ersteren würde die Beurteilung eine mehr ländlich-konser-
vative, bei den letzten eine liberal-kaufmännische Lebensauffassung verraten.

Die wissenschaftliche Beurteilung des Falls würde aber
wohl von der der Ethik bekannten Tatsache ausgehen, daß
jenes Gefühl der Mißbilligung, welches bei derartigen Geschäften
rege wird, sich geschichtlich immer dann einzustellen pflegte,
so oft eine bisher freie, als öffentliche Pflicht oder Ehre geübte
Arbeitsleistung in den gemeinen Lohnverkehr herabsank, weil
im Lohnverkehre ursprünglich nur Arbeiten niederster Art
standen.[4] Dieses anfängliche Gefühl der Mißbilligung könnte
aber die sukzessiv fortschreitende Einbeziehung immer höherer
Arbeiten in den Lohnverkehr nicht verhindern, wenn der Gang
der ökonomischen Entwicklung dahin drängte. Man wird sich
daher die Frage vorlegen, ob die Verbreitungstendenz des
Lohnverkehrs jetzt im allgemeinen im Steigen oder im Sinken
begriffen ist, ob ökonomische Vorbedingungen für die Einglie-
derung der Vormundschaft in den Kreis käuflicher Leistungen
existieren, und wird so Anhaltspunkte gewinnen können, wie
der beschriebene Vertrag im Einklange mit der allgemeinen
sozialen Entwicklung zu bewerten (zu beurteilen) ist.

Die Herstellung eines engeren Kontaktes der Jurisprudenz
mit den anderen Wissenschaften wird ohne Zweifel auch viele
wissenschaftlich durchgearbeitete Begriffe beistellen,[5] welche

---

[4] Vgl. die Geschichte der Entlohnung der Rechtsanwälte in Rom,
jetzt noch in Frankreich Vgl. die Tatsache, daß der Lohn für höhere
Arbeitsleistungen noch jetzt anders benannt wird (Honorar, Salair) und
daß sich an diese Benennungen andere Nuancen (Wertungen) knüpfen, die
zuweilen auch zur (vom gemeinen Lohne) abweichenden rechtlichen Beurteilung führen. Vgl. über das Ganze Wundt Ethik.

[5] Bisher herrscht umgekehrt in der Jurisprudenz geradezu eine
Abschließungstendenz. Eines ihrer Symptome ist, daß sowohl die
Rechtswissenschaft als solche, als auch ihre einzelnen Zweige unter-
einander alle Begriffe, mittels deren sie ihren Stoff erfassen, sich selbst-
ständig schaffen oder zurechtschneiden, ohne sich durch den Gebrauch
der Sprache oder anderer Wissenschaften gebunden zu fühlen. Daß dies
in den allermeisten Fällen nicht anders sein kann, soll nicht bezweifelt
werden. Aber es hat seine großen Nachteile, die oft übersehen werden,
so daß zur Erreichung einer manchmal scheinbaren Geschlossenheit eines

die juristische Technik bei der Fassung der Gesetze, die theoretische Jurisprudenz bei der Darstellung ihres Inhalts benützen,
so daß die anwendende Jurisprudenz bei der Projektion sich
die ganze Fülle der wissenschaftlichen Vorarbeiten zu nutze
wird machen können, die von anderen Wissenschaften auf die
Prägung dieser Begriffe verwendet wurden. So konnten die
Römer die Sachen, die dem Privatrechtsverkehre ihrer Natur
nach unterliegen, nur durch exemplifikatorische Aufzählung der
Ausnahmen, wie res omnium communes als Luft, aqua pro-
fluens, Licht u. s. w. abgrenzen, während wir schon ganz wohl
uns an den in der Volkswirtschaftslehre durchgebildeten Begriff
des ökonomischen Guts anlehnen könnten.

Das allerwichtigste bleibt aber:

Durch die soziologische Vorbildung wird der Jurist noch
mehr als durch die rechtshistorische oder rechtsvergleichende
Forschung sich über einen bloßen Gehorsamskünstler erheben,
wird er aufhören, das Recht als nacktes Gebot aufzufassen, und
anfangen, es als gesellschaftliches Phänomen zu verstehen.

Und daß dies der Fall sei, kann verlangt werden.

Zum antiken Juristen gehörte die Kenntnis nicht bloß der
Worte der Gesetze, sondern auch seines Sinns und seiner Be-
deutung; zum modernen Juristen gehört noch mehr: die
Kenntnis des Bodens, aus welchem jedes Rechtsinstitut seine
Kraft schöpft, und die Kenntnis seiner sozialen Funktionen.

Es sind das Aufgaben der soziologischen Jurisprudenz.

Gedankensystems mit der Bedeutung der Worte willkürlich verfahren wird.
Gerade dem Juristen ist die Unterscheidung verschiedener engerer und
weiterer Sinne an einem und demselben Worte spezifisch. So unterscheidet
er auch das Vermögen, Kredit u. s. w. im Sinne der Rechtswissenschaft
von jenem im gemeinen oder volkswirtschaftlichen Sinne und ebenso den
„Kaufmann" im Sinne des Handelsgesetzbuchs, des Steuergesetzes, des
Gewerbegesetzes, oder die „Urkunde" im Sinne des Privatrechts, des Ge-
bührengesetzes u. s. w., sowohl voneinander, als auch von demjenigen
Sinne, den diese Begriffe in anderen Wissenschaften haben. Da aber das
Leben nur einen Kaufmann, ein Vermögen, eine Urkunde kennt, so
wird durch derartige Unterscheidungen manchmal überflüssigerweise der
Zusammenhang mit dem Leben und anderen Wissenschaften zerschnitten
und die doch nicht zu umgehende Projektion dieser Begriffe erschwert.
Die Abschließungstendenz kommt übrigens auch in anderen Wissenschaften vor, da sie bloß eine Kehrseite des Dranges nach Geschlossenheit
und Vollständigkeit ist. So würde sich z. B. die Nationalökonomie viele
dicke Bücher über den Grund des Kapitalzinses ersparen können, wenn
ihre Verfasser nicht zähe von der in der Form des Rechts auftretenden
Verteilung der Macht über die ökonomischen Güter ihren Blick abwenden
würden.

theo-
tzen,
sich
nutze
f die
die
atur
der
pro-
wohl
griff

och
nde
ben,
und

der
Be-
die
eine

.

ir
in
de
aft
en
les
re
et
las
se
e
en